湘土文心

——高中语文老师下水文集锦

杨旭玉 著

湘潭大学出版社
XIANGTAN UNIVERSITY PRESS

图书在版编目（CIP）数据

湘土文心 : 高中语文老师下水文集锦 / 杨旭玉著
. -- 湘潭 : 湘潭大学出版社, 2023.12
ISBN 978-7-5687-1299-6

Ⅰ. ①湘… Ⅱ. ①杨… Ⅲ. ①作文课－高中－教学参考资料 Ⅳ. ① G634.343

中国国家版本馆 CIP 数据核字 (2023) 第 233151 号

湘土文心 —— 高中语文老师下水文集锦

XIANGTU WENXIN —— GAOZHONG YUWEN LAOSHI XIASHUIWEN JIJIN

杨旭玉 著

责任编辑：倪慧燕
封面设计：李　平
出版发行：湘潭大学出版社
社　　址：湖南省湘潭大学工程训练大楼
电　　话：0731-58298960 0731-58298966（传真）
邮　　编：411105
网　　址：http://press.xtu.edu.cn/
印　　刷：长沙印通印刷有限公司
经　　销：湖南省新华书店
开　　本：710 mm×1000 mm 1/16
印　　张：14.25
字　　数：212 千字
版　　次：2023 年 12 月第 1 版
印　　次：2023 年 12 月第 1 次印刷
书　　号：ISBN 978-7-5687-1299-6
定　　价：59.00 元

自序

在十多年的高中语文教学实践中，我发现很多语文老师不怎么讲解作文。就一套语文试卷来说，很多骨干老师能够做完前面的试题，但是到了作文题就只好罢笔。我总是在想，为什么语文老师自己不能写下水文给学生作示范？所谓学高为师，身正为范，一张试卷上的所有题目，教师应该都能拿下。这个朴素的想法，驱使我写下《湘土文心——高中语文老师下水文集锦》这本书中大部分的文章。这本书命名为“湘土文心”，一来我是湖南人，对家乡怀着诚挚的感情；二来“湘土”谐音“乡土”，一提到“乡土”，我们便会生起淳朴、本真、纯洁的想法，而我以为这些也是语文教学离不开的感情支撑；三来“文心”取自刘勰的《文心雕龙》，即我以为高中语文老师身上要有几分“文气”，他的那颗为文而暖的心，要一直温暖下去。“文心”，乃是高中语文老师最可宝贵的地方。

需要说明的是，这本集子里大概有90%左右的下水文，在文章结构上都差不多，即所谓的“三个分论点段落”式结构。部分读者会觉得我思维狭隘，只精通这一种结构。在解释这个现象以前，我想请诸位语文老师、高中学子回顾一下，要在150分钟以内做完一张语文试卷，你能否保证将除作文以外的题目，都回答得非常精彩，拿到十分漂亮的分数？我想没人能够自信地拍着胸脯说：“我能!”

毕业于北京大学中文系的高盛元，在深圳某著名高中教语文，在与学生同步做联考语文卷的时候，坦言不能将试卷前面的许多题目“完美搞定”，这就很能说明问题了。因而，我的本意是想让学生精通这一种作文结构，再辅以出彩的文辞、精当的立意、亮眼的标题、合适的素材、优美的修辞，作文达到50分以上，应该没有多大问题。只要作文分数能够稳定，语文考试成绩就可以“笑傲江湖”了。

此书收录了部分学生习作，此目的即在于向读者展示经我指导后的学生作文所能够达到的水平。当然，这些作文可能不入“方家”法眼，甚至一些普通读者也会对它们挑出许多毛病。然而，学生在习文的过程中暴露出来的各种问题都是正常的，只要拥有下笔的勇气，我认为都是值得敬重的。

愿有缘的人，能循着本有的“文心”，去开始你精彩的写作之旅。

2023 年 10 月 31 日

目　录

下水文编

学生习作精选

下水文编

阅读下面的材料，根据要求写作。

好的故事，可以帮我们更好地表达和沟通，可以触动心灵、启迪智慧；好的故事，可以改变一个人的命运，可以展现一个民族的形象……故事是有力量的。

以上材料引发了你怎样的联想和思考？请写一篇文章。

要求：选准角度，确定立意，明确文体，自拟标题；不要套作，不得抄袭；不得泄露个人信息。

写作思路：

这是2023年新高考全国Ⅰ卷的作文真题。作文材料很简短，但里面蕴藏着丰富的内涵。这道作文题，主旨离不开“讲故事”，但前提是讲“好的故事”。那么，什么是“好的故事”？按照一般的理解，好的故事一定能够让听众从中感受到真善美慧，汲取奋发向上的力量，充满对生活的信心，以感恩的心态过好当下每一天，活出有意义的人生。这便是“好故事”的魅力。

作文材料也告诉我们，讲好的故事可以帮我们更好地表达和沟通，可以触动心灵、启迪智慧；好的故事，可以改变一个人的命运，可以展现一个民族的形象。根据这句话的意思，由这一则“好的故事”生发出来的力量，连接了个人的成长与民族的形象。所谓的“更好地表达与沟通”，可以理解为通过讲解富有“中国味”的故事，促进多元文化交流与沟通，让人们对某一现象的看法，趋于中正理性。所谓“触动心灵、启迪智慧”，是说这个故事允许情节平淡，但一定得有“智慧”。据笔者的浅见，它一定是“中国式智慧”，这种智慧充满中庸、平和、通透的美。

综合对这篇作文材料的分析，我们可以看到，命题人希望考生在讲“好的故事”的同时，从故事主角中找到坚毅前行的信心。考生在考前准备了不少的素材，如果要想作文答出比较理想的分数，还是要在下笔前，对脑中储存材料进行甄选，再进行润色与加工，以夹叙夹议的形式写出，较为适宜。

宣讲好故事，读懂杨振宁

杨振宁是听着圣贤故事长大的。

这位当代物理学泰斗，从小就得益于荣任西南联大数学系教授的父亲的言传身教，在数学领域表现出惊人的天赋。杨振宁希望自己可以在数学方面走得比同龄人更远一些。然而，他父亲以一名卓越数学家的高瞻远瞩，在正能量故事与几何微积分之间反复权衡，终于决定聘请历史系高才生，为少年杨振宁讲解亚圣孟子的故事。

于是，孟子见梁惠王时揭示的“上下交征利，而国危矣”的真理，回复景春时阐述的“富贵不能淫，贫贱不能移，威武不能屈”的箴言，教诫公孙丑时揄扬的“君子莫大乎与人为善”的金句，都让杨振宁膜拜于孟子的皎皎清风、铮铮铁骨。孟子与君王和弟子们的“故事”如此有力，沃灌着他日渐深厚的人文底蕴。

理学思维尚实唯利，人文主义崇义致远。杨振宁后来的故事，就在科学与人文的光辉交映中得到升华。

1945 年，杨振宁赴美求学。1957 年，杨振宁获得诺贝尔物理学奖。华人获得诺贝尔奖，西方世界一片哗然，对中国刮目相看。他的成就，学界认为甚至要高于霍金。1964 年，杨振宁加入美国国籍。自此，有关他的流言便漫天飞舞。有人说他的好友邓稼先都回国效力了，为什么他还留在美国？不是崇洋媚外又是什么？

然而，杨振宁的一颗爱国心，比谁都红、都热、都真。他在西方各国巡回演讲，都从正面宣传祖国取得的成绩，感染不少科学家回国效力，一些西方科学家也对中国持友好态度。甚至可以说，他凭着自己在学界的影响力，某种程度上助力了中美“破冰外交”。特别是在 1971 年的“保钓运动”中，他在全美各高校演讲，以拳拳爱国情，感动了大批有志青年学成归国。此外，人们纠结于“邓杨爱国之争”，也是因为不清楚邓稼先擅长实验物理，而杨振宁擅长理论物理的实情，杨振宁如果早年回国，可能不会有多大的建树。

杨振宁在98岁那一年，以一己之力阻止国家斥资2000亿元建造大型粒子对撞机。这一度成为网络舆论热点。许多人牢骚满腹：难道杨振宁不希望中国的物理研究取得突破？杨振宁难道想让中国物理落后国际社会30年？杨振宁到底是何用意？面对质疑，杨振宁理性地解释：其一，建造大型粒子对撞机花费太大，我国需要将巨资用在其他地方；其二，2000亿元不能保证支持大型粒子对撞机的持续运转，后期的投入可能是个无底洞；其三，此项技术需要西方国家帮助，目前并不确定西方国家会不会给我们使绊……

夏日荷香，南风微熏，在杨振宁的住所清华别墅区胜因院的墙上，挂着一个相框，题有一首诗《归根》：“千古三旋律，循循谈笑中。耄耋新事业，东篱归根翁。”这首诗，诠释了当代最伟大的物理学家的故事。他是中国的瑰宝，也是世界的明珠。

而这位归根老翁，也在向世人宣讲着一个独具中国意味的故事；我们，更应该将归根老翁的故事一代一代地宣讲下去……

自评：

这篇文章写的是杨振宁的故事。杨振宁不仅是我国当代著名的理论物理学家，更是全世界最卓越的物理学家之一。然而，一段时间以来，不少国人没能真正读懂杨振宁，对他充满了各种误解。因此，正本清源，将杨振宁的“故事”讲清楚，特别是要挖掘潜藏于杨振宁人生“故事”背后的那份质朴的爱国真情，好让一代又一代的中国人在读这个“故事”的过程中振作精神、明辨是非，便显得相当重要。从这个角度说，这篇文章是成功的。

阅读下面的材料，根据要求写作。

人们因技术发展得以更好地掌控时间，但也有人因此成了时间的仆人。

这句话引发了你怎样的联想与思考？请写一篇文章。

要求：选准角度、确定立意，明确文体，自拟标题；不要套作，不得抄袭；不得泄露个人信息。

写作思路：

这是2023年全国甲卷的作文题。2022年全国甲卷考了《红楼梦》第十七回“大观园试才题对额”的情节；2021年则是借中国共产党成立100周年的契机，考了“可为与有为”。从大众的角度分析，近三年全国甲卷的作文题，一年比一年难。2022年很多学生考全国甲卷，愁自己没有读过《红楼梦》；2023年可能要发愁材料太玄妙，看不懂命题人的意图。

正是这样。往往，作文材料越少，就越不好考。这道作文题材料就两句话，但实际上却是“二元”思辨型作文。这“二元”分别是科技与时间。第一句话肯定科技的作用，让人们在一定程度上扭转了时间的流向，做成了许多以前不能做的事；第二句话警醒人类不能过分信赖科技，提防自身被科技反噬，被时间捆绑，成为它的仆役。

下面，我们具体来分析科技怎样驾驭时间。就时间来说，它是永远向前流逝的，比如春夏秋冬的季节流转不可逆，过去，人们在冬天不可能吃到夏天的蔬菜，但现在可以；然而，不良商家在提供反季节蔬菜的同时，也让人们对其安全性产生怀疑。再如，科技发展提高了生产效率，人们不必再像以前那样做高强度的体力活，因此得以延年养颜，国民整体健康状态比旧社会要好；然而，也有人过度地追求与年龄不配的身材容颜，无限制地美容，一些美容悲剧频繁发生……

这些问题的出现，有各方面的因素。但有一个因素很关键，那就是人们心浮气躁，狂妄自大，想超越时间的本质属性做事。明白了原因，就要对症下药，提出改变这种不良趋势的办法，文章庶乎饱满。

师科技谋福祉，偕时间览星河

现代科技正以一日千里的速度攻城拔寨，它先前几百年火力全开，剿杀了戍守在空间堡的士卒，使空间堡主只得缴械投诚，发明科技的人类享受到跨越山海、消弭国界的快感。今天，科技正围攻时间坞，且已拿下东城门。然而，一些人类也被时间坞的高手们俘获，成了时间坞可怜兮兮的仆人。

更多的人类在时间坞外围踌躇不前，他们曾经倚为利器的科技，如今也功力半废，尽显颓势。志存高远的人类，已经高擎宣示新主义的鲜艳旗帜：师科技谋福祉，偕时间览星河。

过去很长一段时间，人类利用科技驾驭了时间，在某些方面跨越了由时间属性设置的障碍，让生活更加精彩。在冬天，人们能够吃到经大棚技术培育的“反季节蔬菜”，膳食中均衡的营养驱走了冬日的寒气；高龄女性凭借美容技术容颜焕发，“冻龄一族”又为颜值协会打出了最佳广告；更可喜的是，工业文明以来的几百年，全世界涌现出无数与时间赛跑的巨人，利用科技创造了农业文明需几千年时间才能拥有的财富……

然而，正如《老子》所言：“祸兮福之所倚；福兮祸之所伏。”人类以科技的蛮力，不尊重时间的自然规律，强行践踏时间规定的禁区，虽然短时间看到了异域的绝美风景，但转瞬而来的天崩地坼、海啸山摧，应该让人类思考——或许，师科技谋福祉，偕时间览星河是可行的办法，也是最好的办法。

请看，不良菜农因盲目追求经济效益，给蔬菜注入过多的催长剂，反季节蔬菜的健康指数直戳人心；为了获取更多虚荣的关注，一些人对随时间流逝而发生变化的容貌感到恐惧，任凭无证美容师蹂躏自己的躯体，酿成一幕幕人间美容惨剧；因多年秉持只讲效率不讲环保的错误理念，我们生活的土壤被植入干瘪、暴躁的种子，镶嵌温馨诗意的璀璨星河，正无奈地离我们远去。人，成了时间的仆人。

正气填膺、善意满盈的人类，怎么会成了时间的仆人？认真忖思，仔细溯源，最关键的还是由于人类不断膨胀的贪欲，怂恿着人类自身去挑战时间的规律，妄想永久改变时间规律以为己用。于是，时间不再沉默，它以神力对付人的蛮力，俘虏一批人类，关进笼子奴化他们，它再搅动星河遮掩光辉，仆人们眼前一片黢黑……

怎么办？仆人们还能回来吗？会的。只要我们收敛泛滥的欲望，尊重时间，在以科技为师谋取福祉的同时，与时间同向同行，汲取“人法地，地法天，天法道，道法自然”的深邃智慧，便一定可以让宣示着“师科技谋福祉，偕时间览星河”的鲜艳旗帜，飞扬在天地间的每个角落。

那福祉，是凭借科技享用的长远福祉；那星河，是偕同时间仰望的烂漫星河。

自评：

这篇文章理性对待“科技”与“时间”的二元关系，对此进行了辩证的分析。一方面，人类要感恩科技的力量，正因为有了科技的介入，人类才得以享受更多的便利；另一方面，人类要时刻警惕自己过度依赖科技的行为。在二者间寻求平衡，便是最理智的做法。这篇文章的开头很精彩，使用多种修辞手法，能够给判卷老师眼前一亮的感觉。同学们在写作时，务必要注重修饰开头、结尾，多用修辞使其生色，便可以提高作文分数。

阅读下面的材料，根据要求写作。

“安静一下不被打扰”的想法，在当代青少年中不鲜见。青少年在学习、生活中，有时希望有一个自己的空间，放松，沉淀，成长。

请结合以上材料写一篇文章。

要求：选准角度，确定立意，明确文体，自拟标题；不要套作，不得抄袭；不得泄露个人信息。

写作思路：

这是2023年新高考全国Ⅱ卷的作文题。这道题的出题方式，与2023年四省（安徽、云南、吉林、黑龙江）高三适应性考试的作文题如出一辙，即作文材料与该套试卷前面的试题有关联。这里提到的“安静一下不被打扰”的想法，核心词是“安静”，唯有深刻理解“安静”的内涵及意义，才能将这篇文章写好。“安静”的反义词是喧嚣。当人被迫卷入一个喧嚣的环境，基本上很难有个人空间，无法静观心灵，审视自我，得不到真正的成长。

作文材料还提到，当代青少年在学习、生活中，希望在加密的个人空间里，放松、沉淀、成长。这三个动词从内在逻辑层面分析，它们是递进关系，顺序不容打乱。因此，这篇作文可写成青少年的成长宣言，可以写成信件的文体，通过向倾诉对象“话衷肠”的形式，把青少年内心深处隐微的想法说出来，借以表达自己理性的主张。

这道作文题的命制，比较符合“立德树人”的教育要求，引导全社会关注青少年的成长状态，特别是从心理疏导的角度，尊重青少年不失理智的个性表达，寻找到家校希冀与个体意愿间的最大公约数，缓和比较紧张的亲子关系、师生关系，为青少年的健康成长探路擎灯。所以，这道作文题命制得很有水平，它让考生有话可说，有事可写。

比起2022年全国卷的几道作文题，2023年全国卷的几道作文题，都以和蔼平易的面貌示人，比较接近考生的实际，我觉得这是一种进步。我们为这样的命题叫好，为真正的专家点赞！

给爸爸的一封信

亲爱的爸爸：

见字如面！此刻，我正在考场奋笔疾书，铺展自己的人生跑道；彼方，你正在工地挥汗如雨，支撑全家的生活希望。两代人，父与子，平时太多的隔阂让我们成了“最熟悉的陌生人”，没想到我却以这样的方式，倾诉对你的感恩，对未来的思考，对人生的抉择。

爸爸，你总说我不理解你的良苦用心，其实不然。我想要的只是一方小小的安静的空间，放松一下，请你不要老是打扰我，让我能自由地欢呼、哭泣、悲伤、沉思。我在这空间里毫无拘束，任何外在的因素也不能影响到我。我自信是一粒楠木的种子，在成长的前期需要这样一方安静的空间。

爸爸，还记得考前的那个假期，我们父子间的那番对话吗？你反复地叮嘱我一定要答好数学，能不能考上一本，甚至运气好的话，冲刺一下“211”，就看数学这一科了。我却平静地告诉你，我天生没有数学细胞，二十、三十的分数，可能不能送我进入好大学深造，但我可以在自己的文学殿堂里，安静地为自己加冕，成为当之无愧的国王。

“啪”“啪”，这是你送给我走上考场的礼物——两记响亮的耳光。爸爸，我不怨你。由于母亲患病卧床，多年以来都是你一个人扛起家庭的重担。上有老人需要照顾，下有两个儿女需要养育，岁月操起手术刀，在你皮肤上留下深深浅浅的皱纹；生活还抡起大槌，把你坚实的脊背压弯。作为农村的孩子，唯有读书才能改变命运，这是我从小就懂得的道理。

可是，爸爸你知道吗？无数个星光闪烁的夜里，我披戴甲胄扮成勇士，去攻克数学城堡。一次次冲锋，一次次败阵。我不断警醒自己：“勇士怎么能战败呢？《老人与海》的桑地亚哥不是说过吗，一个人可以被毁灭，但不能被打败……”但是，我愈是攻城，愈是疏远了自己的安静空间。那里，水草丰茂，花木葳蕤……

爸爸，我在这方安静的空间里，读《平凡的世界》，感受孙少安、孙少平的坚韧与善良；我读《瓦尔登湖》，欣赏哲理型作家梭罗描摹的澄澈湖面；我读《红楼梦》，领略曹公笔下“千红一窟，万艳同杯”的极致大美；我读《毛泽东诗词选》，钦佩一代伟人光风霁月的品格、开天辟地的雄才……这是我让心灵得以安静的空间，我每天于此放松、沉淀，让思想如春草一般成长。

爸爸，你也是知道的，高中三年我在省市级报刊上发表了十几篇文章，得到学校老师的一致好评。可每当我沉浸于文字空间时，你总板起面孔，说我不务正业，尴尬的数学已经啃噬我的前途……我常被你这般打扰。但你的眼神里有关切的光，有恨铁不成钢的善意。爸爸，我想告诉你，我或许天生与文学有缘，文学空间安放了我的青春。

亲爱的爸爸，按照前几次模考的成绩，我认为只要发挥正常，我可以够到二本线。我会考入大学的中文系，让自己的空间越筑越大，我会在与面目狰狞的生活拼搏后，来这空间放松筋骨，我会沉淀思想，我会在追风中长大。二十年后，我会成为文坛的一颗新星——我自信。

爸爸，请不要再来打扰我的空间，可以吗？

你儿小玉

2023 年 6 月 7 日

自评：

这篇文章以书信体的形式，写出了青少年在成长过程中遇到的很多困惑，应该说这些困惑具有典型性。一边是同龄人都在全力以赴的高考；一边是自己真正热衷的专业、真诚感兴趣的事物。许多家长、老师会忽略孩子内心的诉求，粗暴地干涉他们的成长，往往事与愿违。这封书信，既为青春期的孩子代言，也可以让广大的家长静下来反思自己的教育方法，是一篇真正“以诚动人”的作文。

阅读下面的材料，根据要求写作。

吹灭别人的灯，并不会让自己更加光明；阻挡别人的路，也不会让自己行得更远。

“一花独放不是春，百花齐放春满园。”如果世界上只有一种花朵，就算这种花朵再美，那也是单调的。

以上两则材料出自习近平总书记的讲话，以生动形象的语言说出了普遍的道理。请据此写一篇文章，体现你的认识与思考。

要求：选准角度，确定立意，明确文体，自拟标题；不要套作，不得抄袭；不得泄露个人信息。

写作思路：

这是2023年全国乙卷的作文题。作文材料由两段话组成，都是出自习近平总书记的重要讲话。将习近平总书记的讲话作为作文材料，说明这道作文题很有深度、广度、高度。我们要写好这类作文题，必须读懂习近平总书记讲话的含义，再广泛联系国际局势、国家大事、日常生活、个人修身等，运用材料蕴藏的道理去解答一些疑惑，讲清一些现象。

先看第一段材料。材料列举了两种不可取的行为：吹灭别人的灯、阻挡别人的路。灯与路这两个意象，可以引申为他人的生活习惯、文化渊源、宗教信仰等，还可以象征一个国家和民族长期坚持的价值观，国家赖以运转的社会制度、发展道路、政治理论等。从这个层面说，我们要尊重世界的多样性，不要指望世界由一极来主导，而应该是多边发展，多面开花。

再看第二段材料。这里提到了“花”，也提到了“单调”。春天百花开放，才能春光明媚，百卉娇妍，共同描绘出锦绣春色；如果只有某一种花绽放，那这样的春天就太单调了。两段材料结合起来看，那么这篇作文题的主旨就很明显了：要在世界百花园播种各种类型的花，花团锦簇、馥郁满园才更有春韵；要高悬他人的灯、畅达他人的路，灯光与道路在助力他人通往远方时，也与我们的灯光交辉，与我们的路辙互通，照亮我们自身，抵达比远方更远的地方。

百花园圃灿，大路照千灯

我国儒家典籍《中庸》云，“万物并育而不相害，道并行而不相悖”，强调多元文化需要共同交流互相借鉴，也阐述了各美其美、美美与共的人间真理。世界如园圃，一枝独秀不是春；世道如大路，千灯辉映方致远。

千灯照路，百花满园，是人与人处事、国与国相交的不二准则。为了达到“世界大同”的理想境地，当从尊重差异做起，晋为相鉴互美，再臻至和衷共济。如此，则隔阂融于微笑，冲突弭于合作，世界自然是“百花园圃灿，大路照千灯”。

尊重差异，是道法自然的本质要求。张载《正蒙·太和篇》有言，“有象斯有对，对必反其为”；莱布尼茨也说“世界上没有两片完全相同的树叶”。中西方文化巨擘，都站在尊重生命差异的高度，提出了高屋建瓴的哲学主张。世界因为差异而丰富多彩，参差婀娜，若强行要求整齐划一，势必使世界变得干瘪寡味，发展乏力。

春秋战国时期，我国孕育了思想文化的第一个高峰。面对礼崩乐坏的时局，心忧黎元的知识分子，或著书立说，或身体力行，或授徒讲学，儒、道、墨、农、法、阴阳等派别，对拯济危难、安定天下皆提出了自己的学说，使得中国文化长河在历史早期即波涛汹涌，蔚为壮观。如果历史不尊重彼时学术的差异，文化长河将愈流愈枯。

相鉴互美，是君子风范的核心内涵。俗话说，下等人踩人，中等人挤人，上等人帮人。孔子说：“君子和而不同，小人同而不和。”有些时候由于政见、学术、审美观点的不同，我们与他人出现分歧，这很正常；但保持优雅风范，礼敬对方人格，尤其难能可贵。苏轼与王安石政见相左，可二人惺惺相惜，都极为钦佩对方的才学与人品，极少有间言，自然无嫌隙，其光明磊落，令人景仰。

有的人则不然，心胸狭隘，互相拆台，结果两败俱伤，为人耻笑。东汉末年，袁绍与袁术为同父异母的兄弟，且均是霸据一方的诸侯，实力雄厚。可二人却成天窝里斗：袁术联盟公孙瓒，袁绍缔约刘表，两兄弟最终被曹操各个击破。英国作为欧洲的重要国家，在加入欧盟多年后，依然选择“脱欧”，这使得在美国霸权下夹缝生存的欧盟，更显得左支右绌；而英国自己也运蹇时乖，徒叹奈何。

和衷共济，是人类命运的同体归宿。2013 年 3 月，习近平总书记在俄罗斯莫斯科国际关系学院发表演讲，首次提出“人类命运共同体”的理念。多年以来，有着 14 亿多人口的中国，在国际事务中携手各国求同存异，改善贫困、打击犯罪，化解争端、维护和平，推行多边主义策略，成为国际大家庭中的重要成员。中国，正为人类社会的长远发展贡献着自己的智慧。

“弄潮儿向潮头立，手把红旗旗不湿。”当下，虽然生活压力加大，国际风云变幻，很多灯盏的光辉或被掩盖，许多道路的方向或被遮蔽，更多花卉的香气或被稀释，然而，“百花园圃灿，大路照千灯”始终是我们孜孜不倦的追求。不管是人际交往还是国际外交，都应秉持“尊重差异、相鉴互美，和衷共济”的原则，才能使人类享受“百花园圃灿”的美景，领略“大路照千灯”的魅力！

自评：

这篇文章的标题“百花园圃灿，大路照千灯”，从作文材料提炼而来，使用了比喻的修辞手法，显得立意高远。文章开头引用《中庸》的论述，讲到了多元文化相互借鉴的重要性。作文当中引用的事例、名句都比较经典，能够较好地诠释文章的主旨。在结构层面，文章首尾呼应，增强了论证的力量。文章素材涵括古今中外，站位较高，读来让人颇受启发。

阅读下面的材料，根据要求写作。

与有肝胆人共事　从无字句处读书

一代人有一代人的使命与挑战，一代人有一代人的责任与担当。一个世纪前，在津求学的青年周恩来撰写了这副对联，在交友处事与读书求知方面勉励自己。品读此联，你有怎样的联想和思考？请任选角度，结合自己的体验与感悟，写一篇文章。

要求：①自拟标题；②文体不限（诗歌除外），文体特征明显；③不得抄袭，不得套作。

写作思路：

这是2023年天津卷的作文题。这道作文题，说实在话，让人眼前一亮。该作文的引子是周恩来先生早年的一副对联：与有肝胆人共事，从无字句处读书。这对联写得真妙，与毛泽东“埋骨何须桑梓地，人生无处不青山”的境界相似。我们读其联，慕其心，法其行，以这样一副对联为座右铭的少年周恩来，在历史上果然成就了一番伟业。

我们先看上联：“与有肝胆人共事”，这境界，怎一个壮字了得？什么人才有肝胆？在我看来，那必是心中有理想、脚下有目标、行动有尺寸的人。这样的人可以没有堆金积银的家产，没有炙手可热的权势，没有手可通天的资源，没有貌比潘安的颜值，没有笔羞东坡的才华，没有运筹帷幄的韬略……但是，这样的人，有一颗金子般的心。他赤诚、专注、信诺、孝顺、循礼、畏耻，尚爱、行义……于是又想到《论语》中的句子，孔子曰：“益者三友，损者三友。友直，友谅，友多闻，益矣。友便辟，友善柔，友便佞，损矣。”

再看第二联：“从无字句处读书”，这对今天的青年提高认知具有重要的启示意义。无字句，就是除了有形书本以外的“书本”：大自然的崇山峻岭、蜿蜒河流；父亲的皱纹、母亲的叹息；大雁的排阵、鲑鱼的洄游；蜡梅的傲雪、秋菊的凌霜；乌鸦的反哺，羊羔的跪乳……

益友交肝胆，奇书读有无

人生在世，长则百余年，短则数十年，要想建功立业实现梦想，必须结交有水平的朋友、阅读有品位的书籍。那么，什么样的朋友有水平？什么样的书籍有品位？在我看来，有肝胆人可全交，无字句书须重读。

有肝胆人可全交。在《红楼梦》里被林黛玉戏称为“母蝗虫”的刘姥姥，当初家境窘迫，不得已来贾府“打秋风”。彼时作为贾府的实际大管家，王熙凤并没有让刘姥姥空手而归。她先后两次资助这位肝胆可鉴的刘姥姥，终因这一念善心，让刘姥姥在王熙凤败势以后，想尽办法营救巧姐儿，使其免于流落烟花柳巷。刘姥姥用肝胆称出了万斤重的“义”字，刘姥姥们值得深交。

相反，那些毫无肝胆、唯利是图的小人，我们不仅不可与交，还应远而避祸。章惇与苏轼早年齐名，其文章器识亦是一流。但章惇此人心胸狭隘，睚眦必报，见风使舵，心机极深。新旧党争时，他夤缘攀附新党，对苏轼狠下毒手。苏轼每次被贬蛮荒，章惇总是充当急先锋，递刀子。当今时代，口蜜腹剑、背亲叛友、践踏原则、落井下石的小人，肝胆早就被身体的蛊虫蚀空了！

当然，还有一类人，他们得过且过，胸无大志，自以为跟贾惜春、妙玉一般勘破红尘，却比她们高明地磨去了棱角，圆滑世故，逍遥度日，此类人群最是可恨，最不可交。你觉得生活中有不公平，想拍桌以鸣，他劝你“世事向来如此，抗争料也无用”；你有长远的理想，他劝你“你家祖坟冒青烟的概率很小，每月赚几两碎银不行吗？梦想能当饭吃?”此种人，不知肝胆为何物，或是肝胆长错了地方。

无字句书须重读。我们可以跨越空间的障碍，结交益友；更需要冲过时间的樊篱，读书广闻。但是，比起有字句的书本，无字句的“书本”更值得我们品读。佛家言："一花一世界，一叶一菩提。"细心观物理，皆得大自在。大自然就是最厚的一本"书"，值得我们终生品读。你读巍峨泰山，知人生修德树业，当如高岳之崇峻；你读清澈大江，悟青年立身处世，当如流水之澄明。一朵绽放于雪中的梅花，让你雀跃不已，它的香气熏染了整部唐诗宋词；一只翱翔于空中的雄鹰，让你激动难禁，它的孤傲消融了所有春花秋月……

诚然，我们周围的人或事，它们很多都是无字奇书。奇书读有无，"有无"是偏义复词，这句话专指品读无字的奇书。落叶飘零的某个秋夜，你看到父母的皱纹、佝偻的腰身、蹒跚的步子，一股热流在你心中涌现。你想起了过往无数个日日夜夜，父母操劳持家的艰辛。于是，你掐断青春的恣肆奔放，将自己投身于坚毅不懈的苦读。老师的微笑，路人的冷漠，流氓的得意，明星的"塌房"，作家的眼神等，都以无字奇书的形式，向你讲道述理……

益友交肝胆，奇书读有无。这是你能交出的最佳答卷。这份答卷被你往空中上抛，却奇迹般地铺展为你未来要走的路。一步一辙，一深一浅，前方都会有不同的益友，不凡的奇书。

自评：

这篇文章的标题，使用了对偶的修辞手法，也很好地囊括了文章的立意。正文紧紧围绕"交有肝胆友、读无字句书"，组织材料展开论述，写得文理俱佳，真诚感人。我国古人非常讲究交友取类，因为只有与德艺双馨的人在一起，才会让你得到进步；现在也有种说法是"一个人的能量值，是与他最亲近的5个人能量值的平均数"，因此，同这篇文章中提到的"有肝胆人"笃交共事，在文章中提到的"无字句书"处停留领悟，都是个人修身进德的重要途径。

阅读下面的材料，根据要求写作。

中国共产主义青年团成立100周年之际，中央广播电视总台推出微纪录片，介绍一组在不同行业奋发有为的人物。他们选择了自己热爱的行业，也选择了事业创新发展的方向，展示出开启未来的力量。

有位科学家强调，实现北斗导航系统服务于各行各业，“需要新方法、新思维、新知识”。她致力于科技攻关，还从事科普教育，培育青少年的科学素养。有位摄影家认为，“真正属于我们的东西，是民族的，血脉的，永不过时”。他选择了从民族传统中汲取养分，通过照片增强年轻人对中国文化的认同。有位建筑家主张，要改变“千城一面”的模式，必须赋予建筑以理想和精神。他一直努力建造“再过几代人仍然感觉美好”的建筑作品。

复兴中学团委将组织以“选择·创造·未来”为主题的征文活动，请结合以上材料写一篇文章，体现你的认识与思考。

要求：选准角度，确定立意，明确文体，自拟标题；不要套作，不得抄袭；不得泄露个人信息。

写作思路：

这是2022年新高考全国Ⅱ卷的作文题。这篇作文的主题是“选择·创造·未来”，联系共青团成立100周年的时代契机，我们可以将主题进行延伸，拓展为一句话：青年人在这个时代要作出不负韶华、无愧人民的选择，以富有创造力的辛勤付出，迎接璀璨的未来。

作文材料中出现的这一组人物的价值观，对青年人有着积极的影响，他们成长的心路历程，对青年人具有启发意义。第一位科学家告诉我们，青年人要献身科研，并致力于普及科学，只有科学技术才能提高生产力；第二位摄影师告诉我们要从传统文化中汲取养分，树立文化自信；第三位建筑家告诉我们，建筑作品要有个性，要有品位，这实际就是强调创新的重要性。

相信科学兴国，传承传统文化，重视自主创新，是这三位奋发有为的人物，带给青年人的最好的礼物，也是作文要抓住的中心思想。

继承传统出新意，独运匠心开未来

青年是国家的未来，是民族的希望，是社会的生机。青年人的职业认知、择业方向以及从业态度，不仅影响到个人价值的实现，很大程度上还关系着民族复兴的伟大梦想。当代青年成长于实现中华民族伟大复兴的历史关键期，遇上了近五百年以来的最好时代，要将个人职业发展融入社会进步、国家昌盛的滚滚洪流中去，继承传统才能别裁新意，独运匠心方可开创未来。

继承传统，弘扬国粹。全世界有四大古文明，唯有中华古文明屹立至今，靠的是文化传承的力量。青年人要强化对于民族文化的认同，自觉加强对于优秀传统文化的学习、理解与运用。未来国际格局的竞争，最隐秘、最核心、最激烈的就是文化竞争。我们身为中国人，要为祖国辉煌灿烂的文化而自豪，继承传统、弘扬国粹是当代青年义不容辞的责任。

著名中华文化传播者李子柒，在田园牧歌中诠释中华文化的精髓，一袭白衣、冰清玉洁，四季耕耘、乐在山水，她醉心于继承传统，弘扬国粹，以短视频的方式向全世界传播全新的中国形象，此举不仅获得国内粉丝的喜爱，更得到了许多国外友人的关注。我们在向西方学习的同时，不要忘了扎根脚下这片沃土，须知民族的才是世界的，传统才是中华民族的根和魂。

自主创新，刻苦攻关。国家的发展需要科技的支撑，民族的振兴需要文教的推动。科技是没有边界的，我们今天站在前人的肩膀上，利用前辈创造的优秀文明成果便利当下的生产生活。近年来我国科技成果呈现井喷趋势，如北斗导航卫星完成全球组网、“墨子号”量子科学实验卫星研制成功、“天眼”射电望远镜正式启用、神舟十四号航天员顺利进入天舟四号……

然而，我国科技成就与美国等国家相比，在一些领域还存在差距。比如集各种高精尖科技为一体的光刻机，我国就受制于人，需要新一代科技工作者自主创新，刻苦攻关。此理同样适用于于青年人向学择业。我们的征途是星辰大海，未来的每一段旅程，充满了各种不确定性，青年人要学会自主创新，刻苦攻关，改变方法，多从不同角度考虑问题，不要只想着借鉴他人，终会迎来胜利。

独运匠心，自领风骚。唐朝的王士源在《孟浩然集序》中写道：“文不按古，匠心独妙。”写文章不必要跟在古人的后面亦步亦趋，在师法古人精气神的同时，要写出自己独特的文字，这才能独运匠心，自领风骚，振铎千古。2022年北京冬奥会，不仅让人们记住了小可爱“冰墩墩”，更让人们对张艺谋设计的旨在追求艺术真谛、彰显中国精神的冬奥会开幕式赞不绝口。

然而，现实生活中，我们也能见到一些艺术作品“千篇一律”，缺少必有的精气神。这是因为创作者本人并未用心，他没有在作品中注入自己的理想与追求，导致作品显得干瘪、枯燥、乏趣。作为新时代的青年，要以热情作笔，以才情研墨，以激情铺纸，在自己选择的行业领域脚踏实地，独运匠心，自领风骚，才能向时代交出一份满意的答卷。

踔厉奋发虎添翼，勤勉有为龙啸云。青年人！让我们在面临职业选择时，能够继承传统出新意，独运匠心开未来！

自评：

这篇文章属于典型的内容并列式结构。正文部分设置了三个分论点：继承传统、弘扬国粹；自主创新、刻苦攻关；独运匠心、自领风骚。以此形成论证合力，从不同的方面论述了当代青年人修学崇业应该具备的核心素养，切中题目要求，是一篇不错的文章。

阅读下面的材料，根据要求写作。

1917 年 4 月，毛泽东在《新青年》发表《体育之研究》一文，其中论及“体育之效”时指出：人的身体会天天变化。目不明可以明，耳不聪可以聪。生而强者如果滥用其强，即使是至强者，最终也许会转为至弱；而弱者如果勤自锻炼，增益其所不能，久之也会变而为强。因此，“生而强者不必自喜也，生而弱者不必自悲也。吾生而弱乎，或者天之诱我以至于强，未可知也”。

以上论述具有启示意义。请结合材料写一篇文章，体现你的感悟与思考。

要求：选准角度，确定立意，明确文体，自拟标题；不要套作，不得抄袭；不得泄露个人信息。

写作思路：

这是 2021 年新高考全国Ⅰ卷的作文题。材料中提到了毛泽东于 1917 年发表在《新青年》杂志上的一篇文章的经典片段，这些箴言穿过岁月的云烟，对于今人的学习、生活仍然有着积极的指导意义。毛泽东在《体育之研究》中提到了“强弱辩证变化”这个重要的哲学命题。联系当时的时代背景，我们可以得知，毛泽东这番话另有所指。他是寄希望于全民重视体育，进而改造国人疲弱的体质，使精气神焕然一新，这样才是新人，从此干的事业才是新事业。

体育，在中国封建时代的教学体系中，常常容易被忽略。在受封建思想统治了几千年的社会、在国门刚被打开的年代，提倡全民体育，无疑需要具备高远的战略眼光。然而，伟人毛泽东不仅倡导全民体育，而且身体力行。他在长沙第一师范就读时就提出过著名的口号：“文明其精神，野蛮其体魄。”

从民众体质的强弱变化，预示出国运的否极泰来，这是伟人眼光独到之处。他天生的乐观主义精神，影响到了无数崇敬他的人——无论是中国人还是外国人。写作时可以联系时事政治，结合建党 100 周年这个特殊时间节点，深入挖掘材料的政治寓意，会提高作文档次。

强身健体，筑梦中华

夫才人之立于世，莫不砥砺发奋，欲立卓越之功勋也。然自天地生民以来，曾有无量亿计，著名于汗青者，竟不得百之一二。彼之道德、学识、胆魄固皆佼佼于常人也，若帝王之秦皇汉武、文学之屈原苏轼、军事之韩信岳飞。后人视之，亦欲追步踵武，然惶惶惑惑，东施效颦，兀兀穷年，止皓首苍颜，未及成功，何也？曰，彼数数于外者，于内核之心力体魄，竟忽忽焉。心力体魄，自何而来？自体育也。

体育之于个人，其功大也。农人耕种，固需强壮体力；军卒卫城，还需彪悍体型；士人理政，亦需坚毅体魄。进而至于艺术创作、科学研究，无不以体格为支撑也。回溯曩者，毛泽东广交益友，倡导体育，曰文明其精神，野蛮其体魄，自是一流见识。迨至长征，翻雪山、涉草地、穿弹林，若无体力之运作调息，其焉能挽中国前途于狂澜乎？今日青年，响应国家，回馈社会，实现价值，亦须体力为后盾，方能攻坚克难，勇攀高峰。

体育之于国家，其用赫乎。国之体育，非但指国民身体素质，亦关乎民族之精神面貌。揆诸今日娱乐圈，奢靡喧嚣，颜值当道，流量为王，乌烟瘴气，消弭阳刚，孳衍阴戾，长此以往，国将堪忧。若教育界重视体育，补裨器材，切实训练，自能焕新气质，提振灵魂，塑造形象。国之兴旺在于人才，人才之成，有赖体育。华夏欲兴体育魂，从我青年学生始！故曰，体育实则教育实，体育盛则栋梁盛，体育强则国魂强。愿我华夏亿兆民，全副阳光新面孔。日常体育多健身，早圆伟大中国梦！

体育之于世界，其运妙矣。毛泽东曾言：生而强者若滥用其强，则至于为弱；生而弱者若勤自锻炼，则渐变为强。唔呼，环视当今世界之格局，验以斯言，若合一契。稽之近代，清廷疲苶，西方列强欺凌蹂躏，无所不用其极，彼之强也一时。我之国人忍辱负重，厚德载物，自强弗息，相时而作，历建党至建国，再至开放，百余年后，东方苍龙已然啸傲天宇，国力煊赫，由弱至强，惠泽全球。抚今追昔，强梁之西国，而又安复盛哉？落日余晖，潮退残流，如是而已。是故，天之予强也，当秉义行公，周洽邻民，命运同体，践履大道，则为永强之迹也。

以故，吾今呼吁亿万同胞，尤之于有为青年，共襄体育盛事，圆梦大爱中华。以强劲之体格，树崇高之理想，塑刚毅之祖国。此乃吾辈重责大任，勖哉！励哉！

自评：

这篇文章属于典型的层次递进式结构。文章论及体育的功用，从个人到国家，再从国家到世界，体育之效的惠泽范围，在空间上是逐层上升的。在第三个层次“其运妙矣”的论述中，还鞭辟入里地以辩证法思想，提出了世界格局的强弱转换趋势，提振人心，引人深思。

请根据下面的材料，写一篇文章。

在阅读方式多元化的今天，你可以通过手机、电脑等电子设备，在宽广无垠的网络空间中汲取知识；你可以借助多媒体技术，“悦读”有形有色、有声有像的中外名著；你也可以继续手捧传统的纸质书本，享受在墨海书香中与古圣今贤对话的乐趣……当代青年渴求新知，眼界开阔，个性鲜明，在阅读方式的选择上不拘一格。请围绕自己的阅读方式，结合个人的体验和思考，谈谈“我的青春阅读”。

要求：①自选角度，自拟标题；②文体不限（诗歌除外），文体特征鲜明；不得抄袭，不得套作。

写作思路：

这是2016年天津卷的作文题。这道题极富人文气息。材料围绕“阅读”展开，旨在提醒考生在物质生活丰富多元的今天，依旧不要忘了阅读。但是随着科技的兴起，阅读方式也产生了极大的变化。原来传统的纸质阅读，逐渐被电子阅读、图片阅读挤占了“市场”。作文材料的意图，不在于引导考生选择传统阅读，批判新兴阅读，而是提倡考生自己选择一种阅读方式，说出自己的青春阅读故事。

当然，就阅读的文本来说，我们最好是选择那些历经岁月洗礼，不改本色的经典。几百年出一本、几千年出一本的书籍，应该成为我们阅读的首选。中国人还是要读一下《论语》《道德经》，《易经》也可以翻一下；像其他的文史名著，如《史记》《文心雕龙》《红楼梦》等，更应该成为我们桌边常置的经典书目。

当然，一味地固守传统，不能睁开眼睛、敞开怀抱，去面对新兴的阅读方式，从中汲取对自己有用的养分，也是不可取的做法。比如现在时兴的“听书”，利用“喜马拉雅”听书App，随时可以聆听原著的章节，也可以聆听大师讲解的名著思想，对于提高我们的阅读兴趣，无疑是助力颇大的有益尝试。青春，固然要心怀远方，如果远方的诗行，是我们读出来的，或者自己书写的，那么，来一趟独具风格的“诗与远方”的旅程，又何乐而不为呢？

青春风采是阅读

青春是广袤无垠的原野，阅读则是经由雨水滋润过的馥郁花草，让这片原野充满生命的力量；青春是寥廓雄浑的天空，阅读则是声震九霄展翅遮云的北海鲲鹏，让这方天空孕育自由的神圣；青春是清凉舒爽的夏夜，阅读则是燃烧着光点四处飞舞的萤火虫，让这季夏夜抒发梦幻的浪漫。青春的阅读是灯塔，是大道，是星辰，是每一个有诗歌的朝夕，是每一寸有种子的土地，更是每一页有温度的远方。

在线上阅读、图片阅读、古物阅读等多元阅读渐成风尚的今天，我仍然倾向于手捧典籍，口啜香茗，身浴晨曦，耳枕鸟鸣，鼻醉花香，与屈子、杜甫、鲁迅等圣贤，来一场跨越时空的心灵约会。

屈子，我读你的坚贞耿峭。屈子啊，汨罗江涛涌千年，楚郢都繁华凋落，岁月的记忆装不下几多骚人的锦缛字句，却将你“长太息以掩涕兮，哀民生之多艰”的颓颜霜鬓，镌刻在历史长廊的深处。你深沉炽烈的爱，沃育了岸边的芝兰蕙茝。你佩岌岌之冠，着皎皎之裳，餐淡淡之英，既是儒者，也是圣者，更是仙者。春风今又绿，花草散幽香。年年端午赛龙舟，味道醇厚的粽子，沁满楚辞的韵致。屈子啊，你孤寂的诗魂当可欣慰。读了你，我触摸了铮铮文脉。

杜甫，我读你的侘傺深沉。我于西风萧瑟的秋夜，在成都草堂邂逅清癯矍铄的你，浅吟低唱着“艰难苦恨繁霜鬓，潦倒新停浊酒杯”。你深邃澄澈的目光，穿透聒噪的林鸦织成的密网，不自主地瞥向长安的方向。大唐气象的每况愈下，让你日夜揪心。你曾借酒浇愁，也曾弈钓忘愁，更曾赏花葬愁，换来的却是千愁万愁，愁上加愁。江山不幸诗家幸，赋到沧桑句便工。一叶扁舟，供你平仄抒情；半椽茅屋，容你铿锵泼墨。读了你，我品鉴了浩浩文风。

鲁迅，我读你的冷峻博大。你战斗的那个年代，有人曲文邀宠，有人媚艺求荣，更有人倚势挟威。唯有你，朝着“于无声处听惊雷”的暗夜，荷戟呐喊，不再彷徨，走入无物之阵。三味书屋的蟋蟀，咸亨酒店的蟑螂，甚至是仙台医专的蜻蜓，都化为你医治民众疾患的药引子，或在“风雨如磐暗故园”的冬日，引你在夕时拾起那缤纷烂漫的朝花。你把东方古国的故事新编成集，于字里行间韫以无尽的祝福。读了你，我感受了郁郁文气。

南宋大儒朱熹深得阅读三昧，他曾形象地描绘他阅读的环境，“半亩方塘一鉴开，天光云影共徘徊”，这真是令人神往；苏轼对于阅读的妙用直抒胸臆，“粗缯大布裹生涯，腹有诗书气自华”；李清照蕴藉闲愁，更咏出了“枕上诗书闲处好，门前风景雨来佳”的句子，让人钦佩她的卓荦风神。

阅读登山，阅读跨海，阅读攀天，其实都写在青春的香囊里。璀璨文华挹千斛，青春风采是阅读。

自评：

这篇作文以出色的文采取胜。文中运用了多种修辞手法，如排比、对比、比喻、拟人等，这是常用的修辞；此外，或直接引用，或间接化用诗词名句，使得文章颇有文化底蕴。值得指出的是，在第三个分论点段落，作者将鲁迅的诸多文集题目析出，再巧妙地连缀起来，这种语言创造实践，是需要肯定的。

阅读下面的材料，根据要求写作。

①后生可畏，焉知来者之不如今也？ ——《论语》

②人之洗濯其心以去恶，如沐浴其身以去垢。 ——朱熹

③唯有民族魂是值得宝贵的，唯有它发扬起来，中国才有真进步。

——鲁迅

④人不能没有批评和自我批评，那样，一个人就不能进步。 ——毛泽东

⑤社会犹如一条船，每个人都要有掌舵的准备。 ——易卜生

⑥这个世界穿透一切高墙的东西，就在我们的内心深处，那就是希望。 ——《肖申克的救赎》

对上面六句话，你有怎样的感触与思考？请以其中两三句为基础确定立意，并合理引用，写一篇发言稿，作为学生在今年学校召开的“十八岁成人礼”上发言。

要求：自选角度，明确文体，自拟标题；不要套作，不得抄袭；不得泄露个人信息。

写作思路：

这是典型的名言类作文题。要写好这一类作文，考生必须懂得这些名言的意义。一般来说，作文材料会给出六则左右的名言，让考生从中选出两到三则名言进行立意。不管所选名言是文言文还是现代文，要理解它们得有一定的哲学思维。

这道作文题所给材料的第一句话，是说青年人大有可为，前途远大，寓有长江后浪推前浪的意思。第二句话是说人要默默洗涤内心深处，从念头萌生处直下功夫，阻断恶的发生。第三句话强调民族魂的重要性，也可以理解为弘扬优秀传统文化。在当前，只有民族的才是世界的，弘扬优秀传统文化刻不容缓。第四句话强调批评与自我批评。一个人要经常审视自己，力争做到“吾日三省吾身”，同时也要虚心接纳他人意见。第五句话强调行走社会，便如行船，应当掌舵定航。第六句话强调不管处于何种境地，都要心存希望，永远向上。

心有阳光，照见远方

尊敬的老师、亲爱的同学们：

大家上午好！当十八岁的钟声已经敲响，我们一只脚迈进了成年人的门槛。面对着未来无限宽广的前景，心中一定有着豪迈的寄语。在这个庄严的舞台上，我向青春喊出“心有阳光，照见远方”的诗句，愿未来的每一程，你我都能感受春天的温暖，勇于担当，活出自己的精彩。

中华民族是一个从来都不乏担当精神的民族。早在春秋时期，周游列国劝说诸侯的孔子，就深情地感慨道：“后生可畏，焉知来者之不如今也。”孔子站在圣人的高度，对时代的年轻人寄予了厚望。迨至南宋，大儒朱熹总结君子的修身方法，强调一个人如果从内心深处去除邪念，就好像洗去了身上尘封已久的污垢。现代好莱坞高分电影《肖申克的救赎》中也有一句完美台词，告诉我们须坚持信念，勇往直前。

讲担当，有光芒的年轻人就在身边。在清华大学2019级本科新生的开学典礼上，邱勇校长当众表扬了一位来自云南省宣威市的年轻后生——林万东。林万东的父亲腰部受伤并罹患脑梗，无法从事重体力活，家庭的重担都压在母亲的肩上。林万东十分孝顺，他每逢假期就帮助母亲去工地搬砖拉沙，面对记者的采访，他抿嘴一笑：“我多干一点，母亲就少干一点。”正是这份纯朴的孝心，支撑着他在艰难的成长道路中毅然前行，最终跃入了最高学府——清华大学。

可是，你我身边也有这么一部分人，他们鼠目寸光、颓废沉沦、不思进取，他们总是发表这样的论调：“现在这个社会，努力了不一定有好结果，有时候机遇更重要。”我承认他们的观点并非全然错误，但是若以此为借口，堵死了自己上升的通道，悲哀之深，莫此为甚。我思考后得出结论，这是因为他们不敢面对心中丛集的邪念，不能跨越阶段性的挫折，长时间地麻痹自己，心中的光亮早已磨灭，能见度极低，无法照见远方。

因此我呼吁，所有的年轻人都醒过来吧——以笔为椽，建造理想的殿堂，不妨高歌“天生我材必有用，千金散尽还复来”；以梦为马，飞向希望的星空，大可吟咏“沉舟侧畔千帆过，病树前头万木春”；以志为鹏，抵达成功的玉宇，再次宣告“自信人生二百年，会当水击三千里”！因为，心有阳光，照见远方！

我的演讲到此结束，谢谢大家！

自评：

这篇文章属于典型的百转千回结构。古语云：文似看山喜不平，构思作文，最好出现波澜起伏的情感节奏，造成跌宕错落的阅读感受，在峰回路转处，突现奇山秀水，使人啧啧称叹。构思这类作文，有以下几个主要的步骤：①抛出观点，仔细审题（开门见山，新人耳目）；②阐释材料，提炼认知（思接古今，句由经典）；③正面论证，提振文气（遴选素材，多种方法）；④及时转折，列举反例（反面切入，追寻本质）；⑤倡议作结，真诚呼吁（排比修辞，嵌入名言）。

阅读下面这段材料，按照要求写作。

延期一个月后，2020 年高考在万众瞩目中顺利结束。全国 1000 多万名考生，怀抱对未来的憧憬，肩负着各方的期待，走进考场，追寻梦想。有人说，这届考生是“不幸的一代”，出生时遇到非典，高考时又遇到新冠。也有人说，这届考生是“幸运的一代”，上小学时赶上国人圆了百年奥运之梦，上大学时又将赶上国人圆千年小康之梦。

作为同龄人的你，应该怎样看待这里的“不幸”与“幸运”？请据此写一篇文章。

要求：选好角度，确定立意，明确文体，自拟标题，不要套作，不得抄袭，不得泄露个人信息。

写作思路：

对于大部分中国人来说，2020 年注定是不平凡的一年。农历新年伊始，汹涌而来的新冠疫情就席卷中华大地，扰乱了人们的正常生活秩序。昔日熙熙攘攘的街头，一下子变得冷冷清清。新闻播出的新冠患者治疗画面，网络上实时更新的新冠死亡人数，都深深刺痛着大众的神经。好在，中国人民在大灾大难面前，从来都是空前的团结一心，病毒尽管无情，人间却有大爱。

新冠疫情，也给莘莘学子的学习造成很大的负面影响。一所又一所学校宣布线下停课，老师开始线上教学，学生也在线上完成作业；万众瞩目的高考，不得不推迟到七月份。自律的人，认为这延长的一个月可以做更多的题，使自己能更好地查漏补缺；焦虑的人，认为高考延期让自己倍加煎熬，不如早考完早解脱……

社会大众看待这届高考生，也产生了两种截然不同的态度。有人说他们不幸；有人说他们很幸运。其实，人们对外界事物的认识和评价，全在于自己握有怎样一把标尺。我觉得，评价事物还是应该乐观一些。不管是非典还是新冠，这都是不可控的，但经历了这样磨炼的青年人，将会变得更加坚强，更有力量去面对风霜雨雪。纵观历史，这个时代是难得的黄金机遇期，只要踏实耕耘，我们都是幸运儿。

以幸运青年，颂幸运时代

诗意之国，辉煌历史。礼仪之邦，璀璨文明。回眸中华民族上下五千年的跌宕起伏，虽屡遭蹶踣，几度沧桑，却于世界版图的东方昂然崛起，秀表寰宇。尤在近代，欧美环伺，虎狼觊觎，国势颓靡，危如累卵。然吾辈先辈仍秉持忠肝义胆，在时间的隧洞里寻觅救国的方药。终于，这头雄狮在20世纪中叶完全苏醒过来，吾族幸哉！今日之中国，在中国共产党的领导下，蒸蒸日上，吾国幸哉！当下之年轻人，恰如待飞苍穹之雏鹰，万里云天，即刻翾翥，俯瞰河岳，意气盛赫，吾辈幸哉！因此，我们当以幸运青年，颂幸运时代。

建国以后，特别是改革开放以来，我国总体经济实力不断跃升，综合国力令西方列强不敢小觑，终至成为世界政治格局中具有重要影响力的东方大国！吾辈年轻人何其有幸，赶上国运隆盛的好时机，正应抒怀高歌，乘风破浪，横刀立马，建功立勋！请随我同赏时代的精彩画卷：

2008年百年奥运之火炬燃彻北京夜空，2009年国庆60周年大阅兵，各种高端武器让西方国家惊羡与忌惮，2010年上海世博会的灯光，照亮了黄浦江两岸，吾辈以垂髫之龄见证国运隆盛；

2012年中共十八大召开，神州同庆，以习近平同志为核心的党中央领导层亲民干练，励精图治，中华民族的发展进入了崭新的历史纪元，吾辈以少年之志吟咏政治清明；

2021年，全面建设小康社会圆满收官，实现第一个百年奋斗目标，历史性地消除绝对贫困，我国农村贫困人口也全部脱贫。吾辈以青年之心感恩党和政府的政策利好：抱负圆成欣逐日，才华施展乐逢春！

虽然我们的国家很多方面还存在不足，但是纵横双向比较，你会发现今天的中国，正处于历史上难得的黄金发展期，也是国际上罕见的安全系数很高的国家。然而，吾辈身边仍有不少同龄人，看不清时代的容颜，听不见机遇的脚步，摸不清社会的风向，仅以出生时值遇的“非典”和高考时邂逅的“新冠”，就对这段太平盛世的“幸运”底色加以否定，在自己人生的草纸上涂抹上“不幸”的色彩，洇成“悲观”的笔画，这才是真正的“不幸”。揆诸苍穹之下，具有这种不正确认识的年轻人，岂是少数哉？究其根本原因，则是其对挫折认识不够，以为只有享受到高配的“幸运”才能顺势而上，问鼎成功。

殊不知，自古以来的圣贤人物，谁不是历经风雨，方见彩虹？孔子被讽丧家之犬，然后才授徒传学；苏轼被贬南隅黄州，而后写出绝妙文章；伟人毛泽东，也曾被排挤出权力中枢，数起数落后，才重新掌舵党与军队。伟人尚且如此，何况吾辈哉？

王昌龄曰，洛阳亲友如相问，一片冰心在玉壶；刘禹锡言，沉舟侧畔千帆过，病树前头万木春；李白歌，长风破浪会有时，直挂云帆济沧海……凡此种种，皆说明吾辈当端正态度，眼见光明，关切国家利益，与社会步伐同频，投入时代洪流，方能以幸运青年，颂幸运时代！

自评：

这篇文章中出现的例子，包括人物、名句、史实、时事，都为高中生所熟知，不用刻意去背诵。当然，考场作文要想拿高分，引用的素材不能仅限于教材和常识，能够引用最新鲜、最典型、最深刻的素材最好。如果实在想不出来，那就从教材和常识的知识储备库里去寻找、挑选、组合，这也是不得已的“应急”法，只要认真组织这些素材，结局就不会让自己失望。

阅读下面的材料，根据要求写作。

2020 年 7 月 7 日，习近平总书记给中国石油大学克拉玛依校区毕业生回信，他说在与国内外严峻环境的艰苦斗争中，这届毕业生经受了磨炼、收获了成长，也体会到了“志不求易者成，事不避难者进”的道理。

诚然，人在成长过程中会不断改变自己以应对外面的世界，但很多时候我们会被社会或大自然的各种事件改变，而被改变不一定是坏事。班级召开班会课，围绕“被改变”话题展开讨论。你有怎样的体验和思考？请写一篇发言稿。

要求：结合材料，选好角度，确定立意，明确文体，自拟标题；不要套作，不得抄袭；不得泄露个人信息。

写作思路：

这道作文题的材料背景是习近平总书记给中国石油大学克拉玛依校区的毕业生回信，信中有这样一句饱含哲理的话：“志不求易者成，事不避难者进。”这句话并不难理解。凡是那些立志不求简易，做事不避艰苦的人，更容易获得成功。将这句话验证于古今中外的历史，会发现真相确实如此。

第二段话很重要：“诚然，人在成长过程中会不断改变自己以应对外面的世界，但很多时候我们会被社会或大自然的各种事件改变，而被改变不一定是坏事。”前半句是说面对外在环境的变化，我们自身主动改变；后半句是说社会或大自然的各种事件让我们被迫作出改变，但这种“被改变”并非坏事。

为什么材料说“被改变”并非坏事？因为外在的形势一旦严峻起来，它会使人更加清醒，不再沉浸于过去的“小确幸”，而是以前所未有的勇气，正视淋漓的鲜血，直面惨淡的人生，在与复杂现实和冷酷生活作斗争的过程中，不断锻炼自己的能力。古语说“生于忧患，死于安乐”，这又何尝不是一种生存智慧呢？

遭逢“被改变”，认真“求新变”

尊敬的老师、亲爱的同学们：

中国群经之首《易经》“系辞下”有言，“穷则变，变则通，通则久”，告诉人们要具备不可墨守成规、应当适时改变的智慧；《孟子》亦云，穷则独善其身，达则兼济天下，这箴言同样闪烁着劝人相机而动、实现自我价值的光芒。可见，如何“求新变”，是人生需要修炼的课题。

当我们怀着满腔热情，张帆竖杆，以为只要一路高歌猛进，就可以泛舟乘槎、驰骋汪洋时，无奈生命的长河不会一直朝我们预想的方向奔流，当它喧豗狂吼时，我们不得不“被改变”。此刻，正该直面波涛，以“求新变”的思维紧帆固杆，才能披荆斩棘挺进大海。

苏轼年少得志，文章卓越，欧阳修十分赏识他的才华，在写给梅圣俞的信中，罕见地发出“老夫当避路，放他出一头地也”的感慨。当朝天子宋仁宗也认为苏轼是大宋未来的宰相之材，苏轼自然也尽情施展才智，以期建立功勋。可是，由于在王安石变法中苏轼不站队新党，致使自己连接被贬。

流落到黄州的时候，恶劣的环境逼迫他必须集中精力解决生存问题。他及时改变心态，亲自拓荒，于屋子东面辟得佳地，植蔬莳花，名曰东坡。他渐得其乐，吟出“莫嫌荦确坡头路，自爱铿然曳杖声”的诗句。也正是因为他在“被改变”时能主动迎变，转变生活方式，才留下那么多熠熠生辉的诗文，成为中华文明宝库中的精华。

在中国革命事业由低谷逐步走向高峰的历程中，毛泽东的军事才华起到了非常重要的作用。当第五次反“围剿”失败的时候，面对着来势汹汹的各路敌军，中央红军的发展计划只能“被改变”。毛泽东审时度势，以惊人的魄力率领红军战士突出重围，渡赤水，翻雪山，过草地，终于使革命火种在陕北得以播撒。毛泽东的“求新变”，挽救了共产党，缔造了新中国。

在波诡云谲的市场大潮中，明智的企业自然会不断突破自我，寻求新的改变，才能屹立不倒，反之则不然。在20世纪末，柯达公司生产的胶卷可谓家喻户晓，一沓沓胶卷，将许多人的年轮绘制得更加烂漫。可是当全新的数码技术兴起以后，柯达公司不思新变，故步自封，最终只能宣布破产，这样的境遇让人扼腕叹息。

同学们，杜甫诗言，天上浮云似白衣，斯须改变如苍狗。苏轼也说，自其变者而观之，则天地曾不能以一瞬；自其不变者而观之，则物与我皆无尽也。我们这一辈年轻人，未来终将成为社会的中流砥柱，面对变幻莫测的世态物理，唯有改变固执的僵化思维，主动迎接新潮流，拥抱新趋势，研判新风向，当猝然遭逢“被改变”，不妨认真“求新变”，向峥嵘岁月提交完美答卷。

我的发言到此结束，谢谢大家！

自评：

这篇文章属于标准的“引议联结”结构。围绕“被改变”与“求新变”，文章先引用中国古典名著《易经》和《孟子》的经句，提出初步的认知；接着，文章进一步展开论述，人生不可能一帆风顺，当外部环境发生改变时，我们要尽快转变观念，以适应这种改变。主体部分联想到苏轼、毛泽东、柯达的例子，应该说很有典型意义。前两个例子是正面的，最后一个是反面的。最后一段，文章作出结论，提出倡议，自有千钧之力。

阅读下面的材料，根据要求写作。

方向错了，停下来，就是进步。方向对了，停下来，就是退步。还没辨明方向，停下来，就是明智；走下去，有可能就是谬误……

以上观点具有启示意义，请结合材料写一篇文章，体现你的感悟与思考。

要求：选准角度，确定立意，明确文体，自拟标题；不要套作，不得抄袭；不得泄露个人信息。

写作思路：

这道作文题的材料，也特别短。其中多处提到“停下来”这个短语，由此可见，“停下来”应该成为这篇习作的核心词汇。“停下来”如果用文雅的话说，就是“止”。世人只知一味往前冲，却不明白适时的停止比前进更重要。因此，“止”蕴藏着深刻的智慧。

且让我们细细分析。方向错了要停下来，才能及时止损，这是许多人都知道的道理；方向对了，如果还止步不前犹豫徘徊，甚至进一步退三步，那分明就是不理智了。以上两种情况，是在我们作出决定要做某事的情况下，可能出现的两种局面。若我们还没有看清某个行业的本质，或者说它的发展趋势时，这时候一定不能贸然前行，因为前方可能遍布泥潭，让你一旦陷进去就出不来……

从这个角度去思考，我们可以用“停止”造短语，如停止埋怨，停止攻击，停止嫉妒，停止空想，停止投资，停止偷懒，停止……唯一不能停止的，就是思考。唐朝的布袋和尚有一首著名的禅诗，是这样写的：“手把青秧插满田，低头便见水中天。心地清净方为道，退步原来是向前。”中华传统文化博大精深，许多传世名言警句，都有着深邃的智慧。像这首禅诗，就蕴涵朴素的辩证法思想。退步，就是向前；停止，就是前进；低头，就是昂首……

这篇作文在写作的过程中，还应该写清楚“选择”“辨别”“谬误”等词语的含义，它们与“止”构成何种逻辑关系，如果处理得当，分数也会提高。睁开眼睛，我们周边处处都有“止”的影子。

止的智慧

“《诗》云：‘缗蛮黄鸟，止于丘隅。’子曰：‘于止，知其所止，可以人而不如鸟乎?’”这是儒家经典《大学》里的经句，旨在告诫世人要行于所宜行，止于所当止，才能“苟日新，日日新，又日新”。可见，知止，能止，敢止，是一种深邃的智慧。

人生在世，倏忽百年，大丈夫都想珍惜光阴，建功立业。可是，尘路漫漫，不虞频生，如果只是一味地勇毅奋发，不会灵活运用“止”的智慧，则将赤诚东逝，徒叹奈何。诚如材料所言，方向错了，停下来便是进步；方向对了，停下来即是退步。而对于我们高中生来说，观念尚未定型，正该辨别方向，适可而止，才能掌舵人生之舟，驶向生命之海。

日本作家松浦弥太郎说：“人不会总做正确的选择。”如果在欲望面前，青年人能像牛仔裤的发明者李维·施特劳斯那样，多几分淡定，少几许浮躁，人生路上将遇到别样的风景。当年，成千上万的美国人涌向美国西部去淘金，年轻的李维·施特劳斯也禁不住诱惑，赶赴西部准备开启辉煌人生。可当他到达以后，发现淘金的人太多了，如果自己再贸然加入淘金大军，大概率只会空手无获。于是，他转而向淘金工人出售淘金的各种小工具，一时赚得盆满钵满。他接下来又发现工人淘金时，很容易磨破裤子，于是他又研制出耐用的牛仔裤，从此名扬商界。

在《侍坐》这篇文章中，孔子的四个学生都各有千秋，以卓越的志向与才华征服了读者。当时，冉求“如其礼乐，以俟君子”的陈述，为自己打造了谦逊好贤的人设。但是《论语》中也记载了冉求的另一面，他对孔子说：“非不说子之道，力不足也。”他觉得自己跟不上老师的步伐，是能力太差。孔子直接批评：“力不足者，中道而废，今女画。”孔子说他画地为牢，完全是作茧自缚。后来，他帮助季氏聚敛财富、盘剥百姓，等于是为虎作伥，孔子召集弟子宣布："非吾徒也，小子鸣鼓而攻之可也！"从孔门十贤到被逐师门，冉求的结局令人唏嘘。

林桦和梁思礼本是一对好友，曾同受国家派遣赴美留学，学成后却选择了不同的方向。林桦留在美国，负责美国民兵系列导弹的设计和研发，专门对付中国。与林桦不同，梁思礼则选择了回到中国，参与了中国第一颗原子弹、第一枚导弹、第一颗人造地球卫星到第一艘神舟飞船的全部建造，以自己的科技成就与人格风范，赢得人们的崇拜与景仰。

新东方前总裁俞敏洪曾说过，只有知道如何停止的人，才知道如何加快速度！愿你我都能悟透"止"的精髓，在向人生目标进军的过程中，既有披荆斩棘的勇猛，又有审时度势的敏锐，更有澈明知止的利落，止于今日，进在明天！

自评：

这篇文章属于典型的正反对照结构。文中有四个人的事典：李维·施特劳斯、冉求、林桦、梁思礼。李维·施特劳斯与梁思礼是正面事例，冉求与林桦是反面事例。正反对比，加强论证力量，使人印象深刻。在言典方面，撷取了《大学》的经句，又有日本作家松浦弥太郎和新东方前总裁俞敏洪的言论，前者从正面切入，后两者从反面强化，典故囊括古今中外，很好地论证了文章的主题。

阅读下面的材料，根据要求写作。

临近春节，春运抢票大战日趋“白热化”。由于返乡车票“一票难求”，机票昂贵，近年来，选择“反向春运”的人群大增，春节去往大城市团圆成为新风尚。

“反向春运”是指年轻人选择将老家的父母和孩子接来自己工作的城市过年，在春节后再返回老家。对“反向春运”这种现象，大家的意见不一：

专家：“反向春运”是城乡现代化进程的标志性场景，意味着城乡之间紧张的对立关系出现了转折，让人们感受到不一样的春节。

网友一：春节就是团圆，父母在哪，哪就是家；一家人在哪，哪就是年。

网友二：中国乡土社会的传统春节气息，在这所谓的“反向春运”中，会渐渐淡出人们的生活。

对于“反向春运”现象，你有怎样的感触和思考？请结合自己的生活经历和思考，写一篇文章。

要求：选准角度，确定立意，明确文体，自拟标题，不要套作，不得抄袭；不得泄露个人信息。

写作思路：

这篇作文材料涉及的话题，与我们每个人的生活都息息相关。如今提到“过年”，大家心里五味杂陈。我想，大部分人都倾向于认为过年的“年味”渐渐淡了，找不到以前过年时的那种感觉了。因此，对于“反向春运”这种现象的思考，很多同学会同意网友二的观点。这无可厚非，只要你能自圆其说。

然而，网友一的观点也值得重视。“反向春运”近年蔚起，已经成为一股潮流，对此抱有质疑、批判甚至是反对的态度，显然已不合适。我们试着去理解“反向春运”的意义与价值，从这个角度写作更易使文章写出新意。另外，作文材料中要求的“请结合自己的生活经历和思考”不容忽视，写出一段富有生活味的经历，能使文章提质。

“反向春运” 正向情

中国是一个人口大国，每年春运期间人口短暂迁移的规模，堪称世界之最。由于返乡车票紧张，加上人们不断更新观念，“反向春运”成为一道新的风景线，更多留在家乡的父母被子女接回城里，在城里“团年”。对此，人们评价不一。有人欣慰城乡将消弭对立，有人悦喜悦于传统能与时俱进，有人担忧年味会再次削减。我觉得，“反向春运”正向情，亲子往返方向虽反，亲情凝聚方向永正。

反向春运，醇厚正向的餐饮情。以前过年时，我们费尽心力往家里赶，馋腊猪肉、豆腐乳、大公鸡、小鲫鱼。这些食材虽好，但父母吃得太多，已不新鲜。若给父母买好高铁票，让他们来到城市过年，能享受难得的餐饮体验。城市的生活条件更好，可以购买新奇的水果。有些老人家一辈子没走出过大山，很多食材没有接触过，作为子女晚辈，不妨趁此买进一些美味佳肴，让父母品尝一下，这也是尽孝的一种方式。古人“菽水承欢”，今人也可以“馔玉怡亲”。

反向春运，熨帖正向的出行情。现今，很多子女返乡过年，都选择驾驶私家车。私家车虽然可以携带更多的年货、行李，但每年春节期间发生的交通事故，让人惊悚。大家都挤在春节出行，难免会使高速路拥挤不堪，再加上春节常伴有雨雪、冰雹、雾霭等恶劣天气，增加了车祸发生的概率。

反向春运，温暖正向的旅游情。父母平时难得出去旅游，如在农村过年，正月忙着待客会耽搁时日；若在城里过年，我们可以带他们去城里的博物馆、野生动物馆、海洋生物馆等地方，或直接开车前往旅游胜地，感受不一样的文化内涵。2017 年大年初一，刚在城里过完年，我哥哥便开车带着父母、奶奶去了一趟韶山，我亦随同，瞻仰了伟大领袖毛主席的风采。家人们玩得特别开心，那是生命中难忘的记忆。或者带上野炊的工具，开车去城郊，举火野炊，别有风趣。

过去我跟大家一样，是这么过年的：亲友团圆，篝火浓情话，一年旺气斯先盛；乡邻问候，春阳暖吉言，四季馨香此最多。过年，对于我们来说，既是疲惫身心的休憩，也是乡土情怀的安放，更是文化传统的赓续。过年是父母手中牵缠着的一根风筝线，父母在炊烟袅袅的那头，我们在人海滚滚的这头。过年，是对羁旅灵魂的一次洗礼，它稀释掉诗与远方的色彩，皴染成年夜饭的淳朴画面。

现如今，我觉得“反向春运”也挺不错，它适应了时代变化的新形势，拓展了“年”的表现形式与内蕴空间。城市的年是这样的：浩瀚夜空的璀璨烟花，宽敞整洁的通衢街道，多元美味的野蔌珍馐。城市的年味一样浓，并不比乡村的淡。只要亲人能在身边团聚，就能过最好的年。形式变了，本质不变。“反向春运”正向情，至真年味伴人生！

阅读下面的材料，根据要求写作。

“本手、妙手、俗手”是围棋的三个术语。本手是指合乎棋理的正规下法；妙手是指出人意料的精妙下法；俗手是指貌似合理，而从全局看通常会受损的下法。对于初学者而言，应该从本手开始，本手的功夫扎实了，棋力才会提高。一些初学者热衷于追求妙手，而忽视更为常用的本手。本手是基础，妙手是创造。一般来说，对本手理解深刻，才可能出现妙手；否则，难免下出俗手，水平也不易提升。

以上材料对我们颇具启示意义。请结合材料写一篇文章，体现你的感悟与思考。

要求：选准角度，确定立意，明确文体，自拟标题；不要套作，不得抄袭；不得泄露个人信息。

写作思路：

这是 2022 年新高考全国Ⅰ卷的高考作文题。材料中出现的三只手——“本手”“俗手”“妙手”，存在着微妙的辩证关系。事实上，这是一道三元思辨型作文题。近年来，思辨型作文题，正成为高中语文考试中的“不速之客”。考生要写好这类作文题，一定要透过现象看到本质，找出“三元”间的内在联系。

很显然，“本手”强调注重基础，日复一日地练好基本功；“妙手”渲染努力加机遇出现的奇迹；“俗手”聚焦偷鸡不成反蚀把米的悲剧。对于广大青年学子来说，当务之急是“本手”，不要着急求“妙手”，因为“本手”功夫不到家，自然够不着“妙手”，还可能会堕入“俗手”的悲惨境地。

需要着重指出的是，高考是国家意志的体现。考生拿到这道题以后，应该要认真思考一下：命题专家为什么会命制这样一道作文题？他的用意何在？需要承认的是，一段时间以来，弥漫在青年人中间的急功近利思想，不仅影响了青年人自身的发展，也阻碍了社会的进步。青年人若能摒弃浮躁，潜心钻研，俯下身段，攻坚克难，则民族幸甚，国家幸甚。从这个角度去思考，作文会更有深度。

超俗务本，至妙希贤

在围棋艺术中，人们常以“本手”、“妙手”、“俗手”来评价一位棋手的水准与段位，言近而旨远。俗手者，虽暂时得利，但若放眼长远，必然踬踣蹉跌；本手者，循规蹈矩、步步为营，最后积蓄能量克敌制胜；妙手者，高瞻远瞩，不走俗套，偶一落子又吐纳风云，于关键处着一妙招，变涩为通，化暗为明，使人钦赞不已。

棋艺通人事。观棋悟道，可得修身精髓。俗手者，鼠目寸光急功近利，其兴也勃其衰也忽；本手者，敦伦务本夯实基础，万丈高楼平地起；妙手者，贤者格局，其功夫固已经千锤百炼，故其思虑敻明，举动非凡。青年人崇学立业，当超俗手，务本手，至妙手，希贤者，概而言之：超俗务本，至妙希贤。

远离尘俗窠臼。王安石有一篇小品文《伤仲永》，叙述了方仲永这位神童，一步步从神坛跌落泥坑的过程。方仲永年少颖慧，出口成章，深得父亲喜爱。可父亲没有正确引导他，反而以此谋利，邀名固宠。古惜方仲永，今痛岑某某。这位女孩在本该上学的年纪，被父亲精心包装，并称每日写诗千首，在面无表情的商业演讲中，她应有的清纯韵荡然无存，只留下满脸的市侩气，其行为被网友不断指斥。方、岑耽于浅利、不图远虑，告诉我们，要远离尘俗窠臼，涵养贤者襟怀。

夯实根本功夫。不少人认为送快递操作简便，没什么技术含量。然而，从事快递业5年的李庆恒，在浙江省快递职业技能竞赛中勇夺桂冠，跻身杭州市D类人才库，获得政府奖励。记者询问他的成功秘诀，他说自己每天都背诵全国城市区号、邮政编码；在最忙的购物节，他主动申请扎根一线，从最基础的卸货、分拣、扫描、装车做起，不嫌累不辞苦，终于成为行业佼佼者。李庆恒不以业卑、勤奋上进，启示我们，要夯实根本功夫，培养贤者心志。

臻至精妙境界。毕业于北京大学的邹子龙，现为珠海市一家农园的总经理、创始人。邹子龙从小在北京长大，多才多艺，高考时顺利考入北京大学深造，是人们眼中标准的好学生。可是，在面临就业选择的时候，他放弃了已经谈好的高薪工作，不顾家人的强烈反对，来到珠海承包了一片农场。他拒绝化学农药、化学肥料、除草剂、激素和转基因种子。凭着他在北大积累的学识和培养的眼界，包括拓展的人脉，成功地应用了 CSA 农业模式，为消费者持续提供绿色无公害的农产品。邹子龙的奋斗点醒我们，要臻至精妙境界，践行贤者修为。

然而，生活中很多人罔顾“围棋三术语”的警示，在实际行动中，一叶障目、不见全局，好高骛远、不重基础，舍本逐末、不循程序，不管是求学广才，还是修业谋事，到头来都落得个“年与时驰，意与日去，遂成枯落，多不接世，悲守穷庐，将复何及”的凄惨结局，皆是咎由自取、作茧自缚。

大鹏一日同风起，扶摇直上九万里。且让我们青年人抓住大好机遇，确立心中目标，在追求梦想、实现价值的过程中，务必远离尘俗窠臼，涵养贤者襟怀；更要夯实根本功夫，培养贤者心志；最后才可以臻至精妙境界，践行贤者修为，谱写出“超俗手，务本手，至妙手，希贤者”的壮美篇章！

阅读下面的材料，根据要求写作。

有人说，日子如莲，无言即大美，过于繁杂则未免缭乱；有人说，生活如酒，醇厚即有味，过于简淡则未免无韵。老北京的四合院简单，却饱含四九城的百年沧桑；咸阳城的阿房宫繁复，是秦时匠人的智慧结晶。牛顿曾说："把简单的事情考虑得很复杂，可以发现新领域；把复杂的现象看得很简单，可以发现新定律。"

"繁"与"简"的道理普遍存在于我们的日常生活、艺术创作、科技创新等过程中，给人以启示，引人深思。

请结合材料和自己的学习、生活经验写一篇文章，体现你的感悟与思考。

要求：选准角度，确定立意，明确文体，自拟标题；不要套作，不得抄袭；不得泄露个人信息。

写作思路：

这是一道典型的二元思辨型作文题。"繁"可以理解为繁杂、繁复、繁重；"简"可以理解为简单、简洁、简朴……应该说，"繁"中有"简"，"简"中有"繁"，二者是相辅相成的关系。离开"繁"去谈论"简"，或者摒弃"简"去考量"繁"，都是偏颇的。

对于百姓的生活来说，既需要"繁"的醇厚、琐碎、复杂，也需要"简"的高雅、洒脱、清淡。理解这道作文题的主旨，对牛顿的话也要深思。牛顿作为物理学家，他认为从简单想到复杂，能够发现新领域，这是科学研究的演绎法；从复杂结为简单，能够得出新定律，这是科学研究的归纳法。

比较理性的写法，应该阐述我们的学习与生活，要兼顾"繁"与"杂"。太"繁"了会压抑自己，使身上背负的包袱越来越重，最终喘不过气来；太"简"了就过于懈怠，还没有领略生活的精彩就提前进入"冬眠"期，这样的人生，是平淡无味的。以"简"的思维，处置"繁"的事务，正是许多人需要达到的高度。

处简以驭繁，生命更斑斓

简，予人通透的智慧，它是抵达哲理殿堂的入场券。简，是洗尽铅华后的朴素，是艺术中的大美；繁，教人缜密的思维，它是通向科学巅峰的登山杖。繁，是精益求精时的细腻，是素养中的纯真。

对我们普通人而言，“简”与“繁”同等重要，二者缺一不可。简的淡雅、洒脱、笃定，是生命森林的雨露；繁的周详、精准、宏伟，是生命沃土的阳光。处简而驭繁，生命更斑斓。

以简修性，提炼生命。北宋前期文坛泰斗、苏轼的恩师欧阳修，晚年退居颍州，远离了烟柳繁华之地，时以一张琴、一局棋、一壶酒自娱，个中卧一醉翁，将日子过得极其简洁。苏轼填词《行香子·述怀》，希望做个闲人，阕尾亦云：“对一张琴、一壶酒、一溪云。”师徒二人将简的真谛演绎得淋漓尽致，算得上是当下流行的极简主义的先祖。他们给生活做减法，却给生命做加法。其人、其文、其品，皆高蹈世俗，堪为后人式则。

以繁守正，崇敬生命。诚如牛顿所说：“把简单的事情，考虑得很复杂，可以发现新领域。”日常生活中易为人忽视的场景，却是有志者探索真理的实验室。伽利略看到教堂顶部的吊灯，便演算出单摆周期公式；阿基米德观察家里的浴盆，便总结出浮力原理；瓦特留心水壶的沸腾景象，便推导出水蒸气做功的原理。这些场景很简单，可科学家们善于展开丰富繁杂的联想，由此及彼，经表入里，从浅到深，最终发现科学规律，造福世人。

简繁同敬，斑斓生命。以简处世，以繁理事，对于普罗大众来说，应是一种较为明智的生活态度。随着《狂飙》的爆红，饰演高启强的演员张颂文，其生活方式也逐渐为人熟知，进而使人生起敬佩。张颂文居处简陋，生活简约，作风简朴，不愧为“以简处世”的标杆。但在与贫困为伍、追逐梦想的日子里，他把“以繁理事”做到了极致。在做群演时，他反复研究每一个小角色的生活背景、教育程度、性格特征等，力争将每一个小人物演活。在被 800 多个剧组拒之门外以后，他忍辱负重，反复修炼内功，终于大器晚成，一鸣惊人。

简，是沁人心脾的一杯淡茶，让人静心宁神，宠辱偕忘，不羁俗缘；繁，是壮人肝胆的一盅烈酒，让人热血向前，发微启赜，洞明万象。简是菡萏的清雅，繁是牡丹的馥郁；简是溪涧的潺湲，繁是江海的壮阔；简是月亮的皎洁，繁是彩虹的烂漫……或简，或繁，都孕育着让人且爱且敬的生命。

处简而驭繁，生命更斑斓。

阅读下面的材料，根据要求写作。

材料一

2014 年 9 月 24 日，习近平出席纪念孔子诞辰 2565 周年国际学术研讨会暨国际儒学联合会第五届会员大会并发表主旨演讲。习近平强调："不忘历史才能开辟未来，善于继承才能善于创新。优秀传统文化是一个国家、一个民族传承和发展的根本，如果丢掉了，就割断了精神命脉。我们要善于把弘扬优秀传统文化和发展现实文化有机统一起来，紧密结合起来，在继承中发展，在发展中继承。"

材料二

2022 年 6 月 7 日，人民日报发表评论员文章《从中华优秀传统文化中汲取智慧》。文章指出："中华文化的沃土中蕴藏着丰富的哲学思想、人文精神、道德理念。营造传承中华优秀传统文化的浓厚社会氛围，才能使其在新时代焕发出新的光芒，让人们更好认识和认同中华文明。"

读了上面两段材料，你有什么思考和感悟？请写一篇文章。

要求：选准角度，确定立意，明确文体，自拟标题；不要套作，不得抄袭；不得泄露个人信息。

写作思路：

传承中华优秀传统文化，近些年来逐渐成为热门话题。回溯历史，我们发现，在世界四大古文明中，只剩下中华文明历经风雨洗礼仍然屹立不倒。中华文明一定有她独到的魅力。作为中华儿女，切不可数典忘祖，崇洋媚外，而是要在充分尊重西方文化的同时，深入学习中华传统文化，取其精华，去其糟粕，以为今用。

就高中生来说，受限于视野的拓展及生活的沉淀，我们了解到的传统文化载体不多。也许，从高中语文课本中的唐诗宋词入手写作，进一步挖掘出需要传承的中国传统文人的气质与风骨，算得上是不错的思路。

传承优秀文化，创造锦绣春天

中华民族历史悠久，文明璀璨，在五千多年的岁月长河中，古圣先贤为后人留下了熠熠生辉的精神瑰宝，如智慧丛生的经典，行云流水的太极，翰墨生香的书法，高深莫测的武术，儒道仙肠的中医……然而在众多的优秀传统文化中，我唯独喜欢写尽碧云黄沙、歌遍男义女愁的唐诗宋词。一脉春水、一弯新月、一抹衰草，那被古人吟诵过的娇莺软燕、劲雨柔波、旧爱新仇、功名利禄，都仿佛穿越时空的漫长隧道，在我的心头又泛起阵阵静思的涟漪。

传承唐诗，景仰文人的侠骨柔情。我在秋日斜照、西风抹云的黄昏，来到江西九江的湓浦口。一位中年男子伫立在寒水照月，哀曲鸣蝉的渡口。他分明在踟蹰着，却又在期待着，希望从那一泓江流中，寻觅到与他暗通心曲的女艺人。于是，这一镌刻进史书的邂逅，让一位落魄文人、坎壈官员的情怀，与一位色谢颜凋、风华不再的妇人，碰撞出了真情的火花，一句“同是天涯沦落人，相逢何必曾相识”，让后人看到声名煊赫的一代文宗，于命运洪流下铸就的侠骨柔情。有唐一代，关山、闺阁、长亭、科场，都充满了侠骨柔情。

传承宋词，追慕士子的大气雅度。北宋元丰五年，一位文艺天才来到了黄州。黄州的山水草木，何有其幸，与那位来自四川的士人结合以后，便绽放出了震古烁今的光辉。“大江东去，浪淘尽，千古风流人物”，天才一开口就是一个时代的开启；“人生如梦，一樽还酹江月”，我们谁又不是在做梦呢？只不过，苏轼醒得快，所以字里行间无非大气雅度。赵氏宋代，宝剑、筵席、田畴、市井，处处彰显着一种大气雅度。

传承文脉，镕铸时代的黄钟大吕。其实，豪俊健朗的唐诗也罢，绮靡纤秾的宋词也好，于今人而言，传承的不仅是平仄铿锵、闲愁壮志的形式，更重要的是蕴含在其中的文脉。于是《中华诗词大会》来了，以央媒的影响力带动了一个民族对文化复兴的热情；《经典咏流传》来了，把经典诗词以今人喜闻乐见的形式歌唱出来，在多元价值交流碰撞的当下，植入中国文化的基因。未来，我们还应该将传统文化进行深层次的创新转化，奏出新时代的黄钟大吕。

传承与创新相辅相成，传承是创新的基础，创新是传承的升华。在中华民族即将实现伟大复兴的21世纪，文化必须挑大梁、唱主角、擎正旗！纵横五千年，睥睨九万里，使中华优秀文化唤醒国人灵魂，引领世界潮流的，必将是我辈青年。愿我们乘长风，望星辰；思先祖遗志，拓家国未来；传承优秀文化，创造锦绣春天！

阅读下面的材料，根据要求写作。

蔡元培是中国近代提出美育的第一人，他在《美育与人生》中指出：我们固不可不有一种普通职业，以满足运用知识服务大众的需要；而在工作的余暇，又不可不读文学，听音乐，参观美术馆，来谋求知识与感情的调和，从而有更伟大而高尚的行为。这样，才算是认识人生的价值了。

以上论述具有启示意义。请结合材料写一篇文章，体现你的感悟与思考。

要求：选准角度，确定立意，明确文体，自拟标题；不要套作，不得抄袭；不得泄露个人信息。

写作思路：

这一则关于“美育”的观点，尽管是蔡元培先生在20世纪提出来的，可对于今人的修身蓄德，它仍然有着积极的指导意义。材料明确：每个青年人都需要掌握一门技能，以便步入社会后找到某个职位安身立命。但却又强调，在正常的物质生活需要得到满足以后，还得去体验一定的精神生活，以便提澌灵魂，拓展生命，这就是“美育”的意义。

当然，“美育”的途径是多种多样的。比如，观看一场意义深刻的电影，组织一次富有文化意义的旅游活动，阅读一本经典名著，聆听一场声情并茂的音乐会……只要有心，生活中处处都能找到美的影子。尤其在这个生活节奏不断变快的时代，要想让自己的生命充满活力，“美育”必不可少。

当然，在崇尚大美生活的同时，我们还得对丑恶进行揭露与鞭挞。对于那些摆在明面上的龌龊、狭隘、嫉妒、诅咒等丑恶现象，我们不需要大费周章就能够揪出它们；可有些丑恶隐藏得很深，它们披着正直、善良、光明的漂亮外衣，最容易迷惑青年人。有些表面布满灰尘的事物，却又是美的化身，这需要慧眼识别。在写作的时候，也应该顺便提及这方面的问题，让文章更有深度。

大美人生

古往今来，人们都在追求美。美可以让人联想到许多褒义的词语：皎洁、优雅、高贵、仁爱、友善、奉献。美不仅是显现于外表的庄重，也是蕴藏于内心的笃定，更是提澌于灵性的纯粹。我们生于浊世，或是形貌不佳，或是躯体罹疾，或是噩运缠身——当然，这大概是普罗大众的常态，然而只要心中尚存对于美的向往，昼夜念之，行坐慕之，穷达怀之，便山海可平，星月能摘，乾坤永辉。

美可以调剂人的感情。正如蔡元培先生曾提出的“美育代宗教”，人活于世，固然需要掌握一种职业技能，既服务社会、回馈人群，又资以养家、实现价值，然若不能跳出工作的窠臼，囿于职场的晋升降黜，心中难免患得患失，乃至形容枯槁，情志颓靡，这不是幸福的模样。此时便亟须于心中辟一佳所，培育莳花插柳、读书听曲、踏青赏月的雅致，在与大美能量的邂逅中，重新点燃生命的火花，再次赢得命运女神的青睐。

近期刷屏全网的一段视频《回村三天，治好了我的精神内耗》，让我感触颇多。作者以清新淡雅的笔触，将自己二舅坎坷波折却又充满激情的一生，向网友娓娓道来。从世俗的观点看，作为残疾人的二舅足够不幸，全身无一美处。可是，他却用一手烂牌打出了“王炸”，让计划对生活选择“躺平”的人们，重新拾起努力的勇气。不向命运低头的“二舅”们，便是传递美的使者，让人们生起无限的敬意。

美的化身，有些在现实中向人们播撒拼搏的种子，有些则从历史中款款走来，给予我们生而为人的感动。满身才学却屡被贬谪的苏轼不向命运低头，他流连山水，结交挚友，写下一篇篇华美清丽的诗文；生为情痴，极精文墨，当发妻卢氏产后因病离世，纳兰性德凄恻哀婉的吟咏，成为中国词圃中不可多得的琼枝美叶；幼岁丧母，青年失明，阿炳提炼人生的况味，百苦化独美，专志二胡演奏，终成一代宗师。

其实，美是无处不在的。夕阳晚霞，清风拂面，与家人闲步竹林，这是美的内涵；品茗闻乐，谙其音律，进而穿越时空烟云，与曲家进行心灵的会晤，这是美的境界；进入史馆，鉴阅画作，铺展开匠人创作时的具体场景，想象大师生前的情态与志趣，这是美的意蕴……美之于人生，是春夜忽来的一场喜庆的时雨，是荒陂绽放的一朵娇艳的花朵，是茅屋造访的一位契心的友人。

这样大美的人生，你忍心辜负吗？

阅读下面的材料，根据要求写作。

水是天下最柔弱的，水总是流向低处；水不像火那么热烈，但人们都知道，水可以灭火；水善于滋润万物而不与万物相争，具有容纳同类的博大胸怀。看似柔弱的水，却具有强大的力量。

宋代罗大经在《鹤林玉露》中记载了“水滴石穿”的故事，成语“水滴石穿”，比喻力量虽小，只要坚持不懈，事情就能成功。

以上材料具有启示意义。请结合材料写一篇文章，体现你的感悟与思考。

要求：选准角度，确定立意，明确文体，自拟标题；不要套作，不得抄袭；不得泄露个人信息。

写作思路：

我们经常说“上善若水”，对于水这种物质，给予了极高的评价。《红楼梦》里贾宝玉认为，女儿是水做的，所以清爽；但是男子却与此相反，故为“须眉浊物”。我们说一个姑娘长得好，用到“水灵灵”这个词；形容一个人面对复杂环境依旧笃定、淡然，用到“心如止水”这个词；赞扬一个人志向高远，可以说他“会当水击三千里”……

水有不同的表现形态，它可以是渗出于岩石缝的水珠；也可以是喧哗于沟渠间的水花，还可以是咆哮于大江里的水流。只要条件具备，它就一定会根据自己的天性，流向下游，永远向前。但若遇到阻碍，它也会果断地绕行。它一定要达到自己的目标——归向大海。如果一个人善于观察，会从这里悟出不少哲理。

水，尽管很柔，但是人们常说“至柔能克刚”。在某些时候，当我们自身的实力尚不够强大时，适当地主动“示柔”，有利于我们掌控事态的发展方向。水可以包容万物，包容即能容忍不同形态的意见存在，不必刻意追求整齐划一。人的生存更离不开水。水对于农业、工业、第三产业的发展，都有着非同一般的意义。由此看来，这一汪水里大有文章！

读斯水，悟人生

水，乃时刻流淌于这个世间的精灵。它不仅是大自然母亲最贴心的小棉袄——环山润石，跃鸟欢鱼；还是先秦五行说的核心成员——孳生翠木，克服烈火。在中国文化谱系中，有关水的典故传说、成语谚语更是层出不穷。可以说，水蕴含着做人、处事、悟道的重要哲理，读懂了水，便读懂了人生。

做人善水，溥惠群生。李斯云："河海不择细流，故能就其深。"翻开史册，那些能够以崇高的人格魅力影响后世的人，无不具有像水一样宽容博大的品性。孔子创办平民教育，以"有教无类"的理念，培养了一大批德艺双馨的弟子，硕果累累，名重杏坛。孔子及其弟子的著作，惠泽千秋。李世民打败李建成以后，面对被押解在囚车里且铁骨铮铮的魏征，他没有追究其责任，而是在与其促膝长谈后，对他委以重任，君臣相和，成就了封建社会难得的一段盛世，让唐朝数百万民众安居乐业，传承文明。

处事学水，避争趋和。《道德经》说："上善若水，水善利万物而不争。"名闻利养，是天下无数人都向往的。为了得到它，古往今来多少人碰得头破血流。然而，真正智慧的人懂得谦让，懂得就下，懂得隐忍，故能像水一样优游尽性。范蠡与文种曾共同辅佐越王勾践，但是范蠡早就看破了勾践是"可与共患难，不可同富贵"的庸主，在勾践灭吴后，他携美人划扁舟，栖西湖经商贾；他轻财仗义，"三聚三散"的壮举，使其终成民间景仰的文财神。文种却因留恋名利，继续陪侍勾践左右，最终被赐死，结局令人唏嘘。

悟道法水，伏刚坚韧。天下至柔弱者莫过于水，但是水却能灭火。中国武术派别中有太极一脉，其沉肩坠肘、云手摆臂等动作，表面看似软绵无力，实则能集弱为强，以柔伏刚。先贤建功立业，不以武力服人，而以文德绥人。《中庸》云“上天之载，无声无臭”，即此之谓也。中国在对外交往中，向来以礼会友，以德聚友，堪为典范。水还有坚韧不息的一面。水滴石穿这个“最中国”的成语，更是中国文化的浓缩。古有临池学书的王羲之，今有卧床自学的华罗庚，文有遭耻撰书的司马迁，武有舍身堵枪的黄继光……肖水成仁，伏刚坚韧。

水既有如此多的美德，我们应该自觉向水的境界靠拢。青年人气性冲动，不妨效仿水的平和柔软；青年人好争喜胜，不妨学习水的淡泊宁静；青年人急功近利，不妨取法水的持之以恒。水蕴含着做人、处事、悟道的重要哲理，读懂了水，便读懂了人生。

阅读下面的材料，根据要求写作。

对于中国体育现状来说，有人曾经形象地拿一个畸形的“巨人”作比喻：巨人左边的手臂很纤细，代表“国民体育”，巨人右边的手臂很粗壮，代表“国际竞技成绩”。

要求：结合材料的内容和寓意，选好角度，确定立意，明确文体，自拟标题；不要套作，不得抄袭；不得泄露个人信息。

写作思路：

这道作文题的材料很简洁，涉及中国体育两面截然相反的现状。一方面，我国政府投入了大量的成本，在体育竞赛方面培养拔尖人才，事实证明，我国体育在国际赛事中也的确取得了令人瞩目的成绩；可是另一方面，社会民众的总体体质不尽如人意。造成这个局面的原因是多方面的。这就需要考生深入分析，为什么会这样。然后，要改变这种状况，我们该采取什么措施。

有些考生会有疑惑，现今大众体育也红红火火，特别是全民健身已经成为趋势，似乎人们不锻炼、不健身就不能合群一般，可为什么体质还是上不去？就中学生来说，他们有一定的学业压力，没有足够时间锻炼身体，学校对于开设体育课也不重视，中小学生的体质状况不容乐观……

俗话说病从口入，暴饮暴食、过度食用高脂肪食物等不合理的饮食方式，也严重影响着人们的体质。再加上不规律的作息习惯、不科学的饮食习惯，如青年人熬夜追剧，深夜吃夜宵“放毒”，过度依赖可乐、奶茶等作为解渴饮品，都伤害了人们的身体。

锻炼强健之体魄，提振坚毅之国魂

长期以来，我国体育事业的发展呈现出两极分化的局面：一边是华夏体育健儿在各类国际赛事中屡屡夺冠，为国增光；一边是广大民众尤其是青少年缺乏必要的体育锻炼，体质堪忧。这极不平衡的状况恰如人的两只胳膊，一只硕大无比，一只娇柔纤弱。这样的情形亟待改变，在中华民族实现伟大复兴的壮丽征程中，唯有全体民众锻炼强健之体魄，方能提振坚毅之国魂。

健体魄振国魂，需要纠正认知。大多数民众认为，只要学识卓越、能力超群，就可建功立业，但事实上并非如此。古今英雄人物，很多都是既有郁郁文采、又有矫矫体格的风流俊杰。孔子文武双全，在孔门六艺中，“射”与“御”的学习，离不开强健的体魄；辛弃疾文能安邦，武能治国，二十多岁时仅带领50铁骑就杀入金军5万敌营，活捉叛徒张安国；痴情不渝、哀感顽艳的纳兰性德，生前是康熙皇帝的一等侍卫，武功了得。周恩来早年习武天津尽得大师真传，袁隆平游泳技术独领风骚，钟南山400米跨栏睥睨群雄……前辈文武综合发展，今人何可厚此薄彼。

健体魄振国魂，需要多方联动。锻炼强健体魄，提振坚毅国魂，是一项功在当代、利在千秋的系统工程，需要各个方面共同参与。政府要研究出台鼓励全民体育的宏观政策，并提高公益性体育器材设施的档次，吸引民众自发锻炼。更重要的是，家长、学校、社会要完善对优秀学生的评价标准。成绩好只是优秀的一个方面，在未来，我们需要更多地考查学生的体能指标。学校要营造尊重体育的重要氛围，看待体育科教师、体育特长生时，必须摘掉“有色眼镜”。各级教育行政部门要督促学校开展形式多样的体育课程，并将其纳入考试考核范畴。如是，庶几教育有望。

健体魄振国魂，需要限制娱乐。今天的仁人志士提到娱乐界乱象，一定会心肺忉怛、扼腕叹息。那些涂着红嘴唇、翘着兰花指、戴着花耳钉的娱乐界新晋小星，掌握了买流量、圈粉丝能够带来巨大利益的秘诀，在不良资本的包装下俨然成为演艺界的“多栖王子”“多能天后”，将自己打造成柔蔓绮靡的畸形造型后，还顺便掳走了受众们的精气神。如此疲弱不振，怎能奢谈体育？当妖柔的氛围充斥在我们身边时，你晨跑呼吸到的空气，哪一缕还是清新的呢？限娱乐强体育，不仅为我们的骨头输送钙质，更让我们的灵魂浸润海的辽阔、山的高峻、月的皎洁。

伟大领袖毛主席当年在湖南第一师范求学时就说过，“文明其精神，野蛮其体魄”，短短十字，至今仍是指导国人修身蓄德的圭臬。在后疫情时代，体育锻炼还可以增强体质，提高免疫力；让人心境澄明、意志坚定，树立应对阶段性困难的信心……且让我们行动起来，锻炼强健之体魄，提振坚毅之国魂！

全民体育，道阻而光

在党中央的坚强领导下，近些年来我国的体育竞技事业从无到有，从有到优，充分彰显了强大的综合国力。我们欣喜地看到，体育健儿们在各类比赛中尽展风采，极大地提升了国人的自信。可同时也要看到，与在国际体育竞技中取得的耀眼成绩相比，我国绝大部分民众还缺少体育锻炼，体质状况不容乐观。改变这种局面，需要全社会共同努力。全民体育，道阻而光。

国人体质纤弱是由多方面的因素造成的。从教育层面看，长期以来，“唯分数论”思想在从小学到大学的教育体系中大行其道，社会、学校、家长评价孩子，最看重他的考试分数，而对于其体质则基本忽略不计，体育课在学校被其他课霸占是常态。从历史层面看，中原民族习于耕种，性情柔和安逸，异于擅长运动的游牧、海事民族迥甚；从经济层面看，国民过去将大部分精力投注于物质建设，养家糊口既已不暇，更遑论体育锻炼这样高层次的文体活动了。

国民体质疲弱造成多方面的负面影响，不利于国家正面形象的塑造。首先是国民综合素养培育乏力。在未来社会，高素质的国民必须德行深厚、智慧卓越、体能优异，若体能跟不上去，哪能彰显民众的精气神？其次是医疗资源应病能力不足。体质柔弱则免疫力低下，对各类疾病的抵御能力减弱，病患增多就会挤压并不富裕的医疗资源，造成尖锐的社会矛盾；最后是尖端科研持续深入艰难。在高精尖科技领域，我国与其他国家不仅要在智力上一决高下，更要在体力、心力、毅力上分出雌雄。“高智力低体能”者多了，会伤到国家元气。

尽管形势严峻，可还是传来一些让人倍感振奋的消息。在教育部制定的《义务教育课程方案和课程标准（2022年版）》中，对九年制义务教育阶段各学科的课时比例作了明确规定，其中，“体育与健康”课时占总课时比例 10%—11%，仅次于语文、数学，排名第三；一些新建的小区、公园都配套了相应的体育设施，让民众参与锻炼更加方便；各类健身机构如雨后春笋般涌现，让国人在此挥洒汗水、强健体格……

但是，人口众多，改变不易；因此，全民体育，道阻而光。我以为，全社会要营造崇尚体育的良好氛围。作为教育下一代的重要机构，学校要切实贯彻教育部的决策部署，开设形式多样的体育课，尊重体育老师的教学活动，不随意占用体育老师的课堂；教育主管部门要提高体育课在全部课程中的占比，设置实效性强的考核机制；媒体部门要多多宣传体育名人，鼓励文艺工作者创作以体育强国为核心的文艺作品……只要当下行动起来，全民体育达人，东方体能大国的愿景，在不远的将来必会实现！

全民体育，道阻而光！

阅读下面的材料，根据要求写作。

我站在一楼，有人指责我，我很生气；我站在十楼，有人指责我，我听不太清，以为他在和我打招呼；我站在一百楼，有人指责我，我听不见，眼里只有万里河山。

上述材料具有启示意义。请结合材料写一篇文章，体现你的感悟与思考。

要求：选准角度，确定立意，明确文体，自拟标题；不要套作，不得抄袭；不得泄露个人信息。

写作思路：

这一段材料十分有意思，它旨在告诉我们要不断地提高个人的思想境界。材料中的主角，站的位置从一楼到十楼，再到一百楼，随着眼界的不断开阔，对于朝向自己的批评、讽刺、咒骂，逐渐不再计较。等有一天他站到了“顶楼”，他的眼里会装下更广阔的天地，有更多更重要的事情、人群等着他去关注，他哪里还有心思去纠结鸡毛蒜皮的是非人我呢？

因此，这段材料告诉年轻人要强化个人的修身功夫，以卓荦的品质秀出尘表，甘心为社会的进步与国家的富强，作出自己的贡献。佛教当中有一句箴言，“心包太虚，量周沙界”，简单说来就是量大福大。当一个人的心量越来越大，能够包容的东西越来越多时，他才会拥抱更加灿烂的春景。儒家也有警句：“海纳百川，有容乃大；壁立千仞，无欲则刚。”这些都蕴涵着极深的哲理。

写作时可以撷取中外历史上那些拥有大心量的人的事迹，作为论证的正面素材；也可以选择那些心量狭窄不能容人导致失败的人的事迹，作为论证的反面素材。正反对比论证，再运用给力的论证方法，会强化论证力量，使论点更容易被判卷老师所接受。从写作的体裁来说，对文字驾驭能力比较有信心的同学，不妨尝试一下文言文写作，这能让判卷老师眼前一亮；但若驾驭文字能力不足，则不要轻易尝试，以免画虎不成反类犬也。为让读者理解透彻，我写了两篇下水文。

立高度，怀大度，育气度

大丈夫于世，莫不欲功成名就，光宗耀祖，传誉至千秋万世者也。然势异事迁，不遂人愿者，何也？洞古察今，史册昭然。或勋重社稷，民众景仰；或迹劣乡党，遭俗唾弃；或庸碌无为，昏愦皓首，此又何也？稽夫其人之所为，端在乎高度之有无，大度之深浅，气度之远近。

匹夫之勇，不若智者之谋。苏子瞻曰："古之所谓豪杰之士者，必有过人之节。人情有所不能忍者，匹夫见辱，拔剑而起，挺身而斗，此不足为勇也。天下有大勇者，卒然临之而不惊，无故加之而不怒，此其所挟持者甚大，而其志甚远也。"原夫楚汉之争，鹿死谁手，不待智者而后明也。刘邦之破秦也，项羽得曹无伤之细说，即欲手刃刘邦，未纳范增之谋，其失甚矣。其气虽盖世，力虽拔山，终以刚愎矜夸而自刎乌江，为天下笑也。观夫刘邦，羽待烹其父，并羞詈之，刘邦处之自若，曰，果烹之，分我羹汤乎！相时偕机，以遏私忿，终成大业。刘项之境，有若云泥。

小人之谮，不若君子之和。孔子曰，君子坦荡荡，小人长戚戚。世之称君子度量者，必录王旦。王旦与寇准同事宋真宗。准数短旦于帝。一日帝召旦，以其评准。旦每誉之，帝惑也。旦曰，吾处相位久矣，政事必有所阙。准乃耿介之臣，事无巨细，必为社稷之础石耳。准罢枢密使，尝谒旦，使荐为相。旦怒曰，相位岂能干求乎？准惭而退，且衔恨之。俄而准果用为相，拜谢宋帝，以帝知之也。帝乃言因旦故也，准遂大惭。唐相娄师德，诲弟曰，吾兄弟幸宠，恐招妒恨，如之何其弭谮也。弟曰，人有唾其面者，以手拭液而已；娄师德曰，不若唾面自干为尚。若王旦、娄师德者，可谓大度之君子也。

名器之利，不若伟人之量。《格言联璧》曰："持身如玉洁冰清，襟抱如光风霁月。"吾素服膺孔子。孔丘游列国而不用，人皆易之。其息于郑之东门，或言于子贡曰："东门有人，其颡似尧，其项似皋陶，其肩类子产，然自要以下不及禹三寸，累累若丧家之犬。"子贡以告，孔子莞尔：其得乎，其得乎！孔子以仁实心，以义宅身，眼之所见，无非苍生；耳之所闻，莫非礼乐。

故曰，治国者，齐家者，修身者，其致一也，唯立高度、持大度、操气度者能之。纸短意长，难尽一二。吾言之谫陋，唯诸君图之。

胸怀宽广，悲天悯人

我生来就是容纳细壤的高山，而非平庸草芥；我生来就是汇聚百川的深海，而非尘涓溪流。

——题记

人生天地间，若白驹过隙，倏尔年华逝水；翻开历史篇章，前有古人，熠熠辉光；后有来者，群英堂堂。我辈伫立苍茫，仰望他们的足迹，未免觉得自己为平庸草芥，为尘涓溪流。然细究深思，无论“古人”还是“来者”，能镌名史册者，莫不因其能胸怀宽广，悲天悯人。反之则不然。今我辈慕其心薰其德，当逐步拓展心量，修学储能，志在苍生，才能真正做到“胸怀宽广，悲天悯人”。

德薄能浅，目光掩翳、蚀天蠹人。宋光宗的皇后李凤娘是历史上著名的悍妇。她仗着自己容貌艳丽，光宗性懦，便开始干涉大政。一次，宋光宗看到给自己送水的宫女双手细腻，随口说了一声“好”，便被李凤娘嫉妒在心。第二天，这位宫女的双手成了进献给光宗的“礼物”。光宗之父孝宗临崩前，欲见儿子一面，但是李凤娘从中作梗，致使光宗无法尽孝，成为他终身的遗憾。李凤娘德薄能浅，目光掩翳、蚀天蠹人。

德淳能强，心地澄明、敬天和人。提及台湾文坛，李敖与余光中是两个不可绕过的人物。李敖素以“毒舌”闻名，他一张嘴评天评地，论古论今，威力无穷。他经常在文章、节目中骂余光中，给他扣上“马屁诗人”的帽子，但余光中从不回应。记者问余光中是不是怕他，余光中会心一笑：“李敖几十年来骂我，说明他的生命离不开我；我不回应李敖，说明他对我来说可有可无。”余光中德淳能强，心地澄明、敬天和人。

德厚能优，胸怀宽广、悲天悯人。掌一盏明灯，在历史的隧洞里踽踽独行，你会发现很多古圣先贤早已放下情仇恩爱，他们所念所想无非苍生。屈原遭到靳尚嫉妒、进谗怀王使其被疏，但他“长太息以掩涕兮，哀民生之多艰”，汨罗江畔的背影让人膜拜千古；苏轼被污蔑在诗文中对皇帝大不敬，从此远离京华，但他勤于职事，每到一处，兢兢业业、福泽民庶。屈苏辈德厚能优，胸怀宽广、悲天悯人。

我辈青年在向星辰大海进军的征程中，面对错综复杂的人事物理，正该不断地提升自己的思想认识，拓宽眼界，跨越障碍，追逐理想，厚其德优其能，胸怀宽广、悲天悯人，方能不啻微芒，造炬成阳。

阅读下面的材料，根据要求写作。

井蛙不可以语于海者，拘于虚也；夏虫不可以语于冰者，笃于时也；曲士不可以语于道者，束于教也。

——《庄子·秋水》

山近月远觉月小，便道此山大于月。若有人眼大于天，当见山高月更阔。

——王守仁《蔽月山房》

横看成岭侧成峰，远近高低各不同。不识庐山真面目，只缘身在此山中。

——苏轼《题西林壁》

以上材料都涉及“认知的局限性”，对广大青年具有启示意义。请结合材料和现实生活写一篇文章，体现你的感悟与思考。

要求：选准角度，确定立意，明确文体，自拟标题；不要套作，不得抄袭；不得泄露个人信息。

写作思路：

这几则材料都涉及人的认知问题。一个人的认知有多高，决定了他能够走多远。网上流传一句话：你赚不到自己认知以外的钱。的确，认知是一个人行动的源头，它孵化为思想、念头、决定。对于年轻人来说，提高认知是一门必修课。谁如果“逃课”，他肯定毕不了业，也不可能拿到高学分。

但是，提高认知说起来轻松，做起来却有难度。这是因为在现实生活中，人的认知受限于各种因素。庄子的文章与王守仁、苏轼的诗，分别谈到了限制人的认知的几个障碍。庄子的文章是说人的成长环境、寿命长短、教育背景对人认知的影响；王守仁的诗是说要想提高认知，还得亲近明师。毕竟有一句话说得好：行万里路，不如明师指路。苏轼的诗告诉我们：当局者迷，旁观者清，很多时候我们搞不清事情的发展脉络，是因为我们置身其中，只有适当转身，华丽“出局”，才会睁开慧眼，看到更加璀璨的风景。

何能天地阔，唯有认知高

字节跳动创始人张一鸣指出，认知能力是一个人的核心竞争力；新东方董事长俞敏洪强调，人与人之间最大的差距，说到底还是认知的差距；易观国际集团创始人于扬表示，认知是一个人成长的天花板。可见，对于身处百年未有之大变局的广大青年来说，要提升价值、实现梦想，最关键的还在于提高个人的认知能力。

但在现实生活中，由于受到空间地域、时间形寿、文化教养、个人站位等因素的影响，人们要想突破自己的认知瓶颈，存在一定的难度。井蛙视野只限于井口，如何感知浩瀚大海；夏虫生命撑不到冬天，怎么审美晶莹冰雪……

既然找出了影响认知正常“发育”的病灶，接下来就需对症下药。

大胆迈出脚步，丈量万里河山。如果有条件，我劝你一定要涵养徐霞客精神，走出家门游历四方，去采撷世界的精彩风景。观泰山日出洗涤浮躁，看长城蜿蜒感受博大，品三亚风情怀抱浪漫，慨南京沧桑追忆悠远……你会在一趟趟诗与远方的跋涉中，省思自己，俯仰天地，和顺众生。

阅读经典书籍，思接中外圣贤。人活一世，形寿有限。长命者不过百来岁，夭殇者竟至十余载。跨越时间障碍，则需要多读名著。读《论语》，熏染为人处世的智慧；读《红楼梦》，知晓色即是空的真相；读《瓦尔登湖》，提炼清澈澄明的思想；读《巴黎圣母院》，服膺悲天悯人的仁慈。

尊重多元价值，冲破文化藩篱。西方谚语说，世界上没有两片完全相同的叶子；中国儒经《中庸》云：“万物并育而不相害，道并行而不相悖。”世上民族众多，其生活习俗、历史文化、宗教信仰不尽相同，我们要善于观察、倾听、反思，取其长处以为己用，多攻他山之石，筑牢文化堤坝。

当然，最能提高认知能力的，还是直接聆听明师的教诲。王阳明的诗说得好，当水平不够的时候，人们以为大山比月亮大；可在双眼“大于天”的高人那里，真相便一目了然。因此，亲近名师，拜访高人，能够帮我们纠正错误，辨明真理。就像孔子之于颜渊，杨昌济之于毛泽东，藤野先生之于鲁迅。尊师的人，认知往往高于众人。

广游历而拓视野，积阅读以丰经验，慕大道且韫丘壑，近明师用望远路，这样就可以顺利地提高自己的认知了吗？恐怕未必。苏轼《题西林壁》的后两句“不识庐山真面目，只缘身在此山中”，从另一个层面给予我们启示。置身局中，利益牵绊，多只得感性判断；抽身局外，冷眼静观，方可得理性认知。

对新时代的青年而言，提高认知是最重要的一门课程，需终身砥砺提澌，方得受用。那些成就卓越的前辈，在提高认知方面给了我们不少镜鉴。像莫言一样在如饥似渴的阅读中锤炼思想，像腾格尔一样在与趋炎附势的酒肉朋友的绝交时匡正方向，像稻盛和夫一样在精益求精的工作中领悟“活法”。

你生命的天地如何开阔？从提高清明的认知开始！青年朋友们，快来加入这场提高认知的旅程吧！

阅读下面的材料，根据要求写作。

毛笔是我国传统的书写工具，有硬毫、软毫之分。硬毫弹性好但不够柔软，软毫很柔软但弹性较差。人们书写时根据其特性扬长避短，以硬毫表现瘦劲挺拔，以软毫表现圆润丰满。并在此基础上，根据不同的书写要求，将硬毫、软毫按不同比例合制出兼毫。在做事之前准备好工具，掌握其特性，操作起来就可以得心应手，这就是我们常说的“工欲善其事，必先利其器”的道理。

人们又进而把“贤友”比作“利器”，认为与品德高尚的人为友，自己的境界和修养也会得到提升。如是说来，我们自己又何尝不是“器”呢？认识自我，不断学习，掌握技能，提升境界不正是一个“利其器”的过程吗？

以上材料对我们颇具启示意义。请结合材料写一篇文章，体现你的感悟与思考。

要求：选准角度，确定立意，明确文体，自拟标题；不要套作，不得抄袭；不得泄露个人信息。

写作思路：

这道作文题，以书法书写工具——硬毫、软毫的特征及兼毫的制作引入，上升到“工欲善其事，必先利其器”的理论层面，再又转到“择友善交，以为己器”的修身话题，然后笔锋突转，说明我们自己就是“器”，但这个“器”材需要不断打磨，方得大用。这篇作文的命题意图可以理解为：高中学子如何在百年未有之大变局的大环境下，修学储能，完成梦想，实现价值，报效祖国。

材料第一段交代了硬毫和软毫各自的优势、劣势，启发考生要正面自己的不足和缺陷，同时也要树立自信，发现身上的闪光点；材料第二段指出人们将结交的“贤友”比作“利器”，这告诉我们年轻人，要慎重交友，摒弃损友，要善于从“益友”中汲取精神能量。此外，我们也应该脚踏实地地沉淀自己，努力让自己成为别人眼中的“利器”。这些思路，都是考生应该把握的思考方向。

怀利器以研墨，绘锦绣之宏图

古语说，工欲善其事，必先利其器。如在传统书法领域，人们克服硬毫、软毫的缺陷，制作软硬皆擅的兼毫，希望写出既遒劲刚挺又秀逸灵动的字体。我们“利器”，也在“寻器”。《论语》云：“毋友不如己者。”向“贤友”靠拢，是心中有光的人的执着追求。但事实上，最好的“利器”却是我们自身。尤其是对于高三学子来说，夯实卓荦德行之器，掌握精湛本领之器，锻炼强健体魄之器，是修学储能、实现理想的不二选择。如此，方能怀利器以研墨，绘锦绣之宏图。

夯实卓荦德行之器。司马光在《才德论》中指出：德者，才之帅也；才者，德之资也。进入新时代，党中央明确指出教育的根本任务是立德树人。德才兼备，德艺双馨，成为未来社会对高素质人才的普遍要求。一个有德的人，心中有善恶标准，“于止，知其所止”，若掌握一定技能，就能泽被苍生、服务群众。作为高三学子，学业压力较大，父母师长对我们期望很高，父母的叮嘱，老师的教诲，有时候会成为我们前进的羁绊，有一种“剪不断，理还乱，最是亲师叨絮扰心头”的错觉。但认真省思，天底下最希望我们有成就的，除了父母就是老师。孝敬父母，尊敬老师，是高中生最美的品德。

掌握精湛本领之器。人生于世，总要安身立命，养家糊口，这都需要我们有过人的本领。很多人有错误的认知，总觉得自己拓展人脉，攀附上各路牛人、大咖，便铺就了成功的终南捷径。殊不知，当自己一无是处时，认识再多的人都没用，我们热衷交往的“贤友”，不过是生命的过客。对高三学子来说，有理想、有干劲、有计划，但缺点是少毅力、少细心、少隐忍。进入一轮复习，每个知识点都要力求吃透。今日事今日毕，厚积薄发才能一鸣惊人。今天的丰厚知识，就是明日的超强本领。本领多了，才能站得高看得远。

锻炼强健体魄之器。人们常说，身体是革命的本钱。青年人要重视体育锻炼，为未来发展奠定体能基础。毛泽东在湖南一师求学时，就提出“文明其精神，野蛮其体魄”的修身理念，至今仍被人们奉为圭臬。很多卓有建树的大家，都有一副好体格。然而，目前的高中生尤其是高三学子，不太重视体育锻炼，很多“学霸”成绩优异，但是身体纤弱，甚至风吹就倒，每逢季节变换也经常患病，这都是身体跟不上带来的弊病。学校组织的晨跑、课间操是难得的锻炼机会，要提高认识，切身投入，久久为功，必有收获。

星辉遍洒耀银河，散作青春万阕歌。处于百年未有之大变局的伟大时代，高三学子虽然前途远大，但是道路曲折，若能夯实卓荦德行之器，掌握精湛本领之器，锻炼强健体魄之器，必能怀利器以研墨，绘锦绣之宏图。

阅读下面的材料，根据要求写作。

《这里是中国》一文告诉我们，大碰撞的“洪荒之力”使得我国地貌景观极富变化，我们的家园多姿多彩。祖国之美，在名山胜迹、澎湃江河，也在我们身边的平凡原野、无名山水、寻常巷陌。

请结合以上材料写一篇文章。

要求：选准角度，确定立意，明确文体，自拟标题；不要套作，不得抄袭；不得泄露个人信息。

写作思路：

这是2023年高考适应性考试（云南省、安徽省）的一道作文题。这道作文题有一个小创新：作文材料与论述类文本有关联。这套试卷的论述类文本，介绍了在板块“大碰撞”的条件下，我国的地形地貌发生的重大改变。正是这些改变，造就了我国多姿多彩的名山大川，这是大美中国的硬核。

作文材料提示，祖国的美不仅在名山胜迹、澎湃江河，也在我们身边的平凡原野、无名山水、寻常巷陌。这就要求我们，需要有一双发现美的慧眼。我们如果对美的事物不敏感，只会困于日常生活的柴米油盐，而使自己的生命失去灵性。失去灵性的人生，与不经思考的人生，都是不值得过的。当具备了这种从身边的事物中发现美的能力，内心将变得充盈起来，任它外在风起云涌、电闪雷鸣，我们的内心却是春花秋月、品茗抚琴，美即在其中。

江南孔裔，美在西昆

我爱流连于灵气秀逸的山水间，领略从书本中读来的祖国大美。

我曾登顶泰山观日峰，伸一只手掌托举黎明，一轮火红的太阳喷薄出东岳的雄峻；我也会友益阳龙泉洞，乘一叶舟筏划行暗河，一条瑰美的栈道勾勒出溶洞的奇幻；我更寻诗湘西凤凰镇，携一帘幽梦彳亍小巷，一汪柔顺的沱江孕育出山城的婉约。

这些名山胜迹，美则美矣，但都不及素有“江南孔裔第一村”之誉的西昆村，给予我的美来得那么清澈、深沉与震撼。

西昆村位于福建省福鼎市管阳镇，是一个群山环抱、古朴幽静的村庄，因全村90％以上的村民姓孔，故有“江南孔裔第一村”之称。经管阳镇沿盘山公路上行，车子拐过近一百个大小弯道以后，视野稍显开阔。至平坦地段，眼前突然现出几排矗立在街道两边的三层楼民居，其墙体均被画上孔子形象，且书有不少先圣名言，如“己所不欲，勿施于人”、“孝悌也者，其为仁之本欤”等，儒家文化氛围十分浓厚。

孔子后裔最重视的文化仪式，当数每年清明节的祭祖与孔子诞辰的祭孔。村子中央坐落着一间孔庙，砖墙与大门都刷落了几百年前的气息，但当你怀着敬意走近它时，依然可以感受到历史的厚重。这份厚重，是墙头倔强的杂草，是门头锈迹的大锁，更是祠宇斑驳的枋檩。祭祖祭孔时，孔庙开放，冠带岌岌，步履端端，檀香袅袅，子嗣们恭立、作揖、跪叩，掬出缕缕心香。

西昆孔庙，与我在山东曲阜所见大异。与后者的巍峨肃穆、游客如织、广受瞻拜不同，前者若一块被天神遗漏的珍珠，静静地躺在大山里，它秉日月精华，撷乾坤流韵，将孔孟礼教与灵山秀水糅合在一起，融进普通百姓的日用纲常。儒家文化夯牢了东方民族的骨肉，深山儒者老，礼乐万年春，美也。

顺着西昆村头的小路再上行，车子爬升至半山腰。俯瞰西昆，茶田叠岫，翠叶穿云。西昆产白茶，百姓家家种茶、摘茶、品茶、俨然白茶王国。

使西昆村在福鼎人心目中成为文化圣地的胜迹，除孔庙外，尚有德成书院。书院创办人张腾万，历十余年常人难荷之艰苦，手辟草莽，芟刈荆棘，多方筹资，盖起了一座古色古香的书院。张腾万是个儒雅崇文的人，对一切有智识、有修养、有见解的人，都加以礼敬。书院常年延请大师耆宿前来讲学，多元文化在书院、在西昆“大碰撞”，开出一片芳菲益清的苗圃，此三美也。

我是2019年前往西昆的，四年过去了，她的温情、神韵、魅力仍存心中。这是一份大美，美得那么清澈、深沉与震撼！

阅读下面的材料，根据要求写作。

有物理常识和生活经验的小伙伴，都应该非常清楚地知道油和水虽然都是液体，但是一般说来，它们几乎是不可能相融的。然而，2022 年王亚平在《筑梦空间站——天宫课堂第二课》节目中进行的水油分离实验却颠覆了许多人的这一认知，在地面上很难相融的水和油，在太空中，它们却很容易地相融。

以上材料对我们颇具启示意义。请结合材料写一篇文章，体现你的感悟与思考。

要求：选准角度，确定立意，明确文体，自拟标题；不要套作，不得抄袭；不得泄露个人信息。

写作思路：

初看这篇作文材料，会觉得较有难度，找不准解析题目的角度。但认真分析你会发现，这则作文材料强调在地球上人们奉为圭臬的“常识”，到了月球上，一旦相关条件发生改变，原来我们所坚持的“常识”，也就不再是“常识”了。

受制于客观环境的改变而使“常识”发生的这种变化，启示我们过往的经验并不可靠。人们总是追求丰富的经验，认为经验的沉淀能够解决许多问题，而且会提高办事效率。这种认识诚然是不错的，但前提是现在面临的局面与以往面临的局面，相差无几，经验才有用。否则，拿过去的经验来解决现实问题，就犯了“刻舟求剑”的大忌。

当然，这则材料给我们的启示还有很多，包括提醒人们要不断地开阔眼界，永远不要让自己的心灵被囚禁在封闭的空间，提前让自己的灵魂进入冬眠期。人们总是倾向于相信眼睛所见到的东西，正所谓“耳听为虚，眼见为实”，然而，我们不禁要问：眼睛见到的，一定就是真理吗？眼睛见不到的，就证明一定不存在吗？恐怕不能过早下结论。

宇宙没有穷尽，科学深广无边。只有保持“空杯”心态，随时准备抛弃过往的“经验”，才有机会总结出新的“常识”。你会了吗？

旧经验有限，新常识无涯

大文豪苏轼在《石钟山记》这篇散文的结尾感慨道："事不目见耳闻，而臆断其有无，可乎?"苏东坡以躬身入局的精神告诉世人，在纷繁芜杂的世态万象中，要想弄懂一件事情的真相，必须亲自体验、深刻思考、精辟总结。如此，才可能得出比较接近事实的结论。这样的结论，经过提炼可以辐射至其他领域，便成了我们称为"常识"的概念。常识转移到人事物理，就是经验。做事必须遵循常识，依赖经验，否则就会事倍功半，甚至功败垂成，这是世人皆知的道理。

但是，任何常识的成立、任何经验的风行，都需要基于一个前提条件。离开了这个条件，那些我们引以为据的"常识"就不再成立，经验也无从谈起。

诚如材料所言，油与水很难相融，这个常识成立的前提是基于地球的环境，在重力作用下，水的密度通常大于油；若环境发生变化，到了处于失重状态下的太空，水与油就融合在一起。如果要人为将它们分层，需要启动"人工离心机"。故而，过度仰赖旧有的经验，在新的环境肯定寸步难行。

科学需要大胆怀疑、验证、否定，才可能推翻旧有的经验，探索出新的常识。因为旧经验有限，新常识无涯。翻开一部人类科学发展史，正是由于一辈辈科学家敢于挣脱思维定式的束缚，才发现了科学界绚烂奇绝的新大陆。

牛顿的万有引力定律可以解释很多现象，但它只适用于弱引力场的物体；在强引力场环境下，爱因斯坦的广义相对论才能诠释更多的物理现象。2022 年，诺贝尔物理学奖颁给了验证贝尔不等式的违反的科学家，让"量子纠缠"理论被世人重新认知，意味着曾困惑过爱因斯坦的"幽灵般的超距作用”，正在成为可能。

两千多年前，大哲学家庄周曾喟叹：“吾生也有涯，而知也无涯。以有涯随无涯，殆已！已而为知者，殆而已矣！”那么，我们面对浩瀚宇宙应有的正确态度是什么呢？保持敬畏，永远探索！千万不要固执地相信已有的经验与结论，因为宇宙是无穷尽的，真理只欢迎虔诚的探索者。

阅读下面的材料，根据要求写作。

北京：双奥之城		
	2008年奥运会、残奥会	2022年冬奥会、冬残奥会
比赛成绩	中国奥运代表团名列金牌榜第一，奖牌榜第二；残奥代表团名列金牌榜第一，奖牌榜第一。均创历史最好成绩	中国冬奥代表团名列金牌榜第三，奖牌榜第十一；冬残奥代表团名列金牌榜第一，奖牌榜第一。均创历史最好成绩
群众体育	全民健身事业蓬勃发展	“三亿人参与冰雪运动”成为现实
科技亮点	世界跨度最大钢结构场馆“鸟巢”；场馆污水处理再生利用率达100%	智慧场馆和智慧服务；“分钟级”“百米级”精准气象预报
交通支持	全国第一条高铁京津城际铁路开通，助力奥运	京张智能高铁冬奥列车开行；全国高铁运营里程超4万公里，居世界第一
国家经济	国内生产总值：31.4万亿元（2008年）	国内生产总值：114.4万亿元（2021年）

双奥之城，闪耀世界。两次奥运会，都显示了中国体育发展的新高度，展示了中国综合国力的跨越式发展，也见证了你从懵懂儿童向有为青年的跨越。亲历其中，你能感受到体育的荣耀和国家的强盛；未来前行，你将融入民族复兴的澎湃春潮。卓越永无止境，跨越永不停歇。

请结合以上材料，以“跨越，再跨越”为主题写一篇文章，体现你的感受与思考。

要求：选准角度，确定立意，明确文体，自拟标题；不要套作，不得抄袭；不得泄露个人信息。

写作思路：

这是2022年全国乙卷的作文题。前半部分的作文材料以表格的形式，将在北京举办的两次奥运会的相关情况进行了罗列，考生可以从中看到我国综合国力的不断提升，从内心深处涌起强烈的自豪感。文章要立足"跨越，再跨越"的主题，考生要带着这份自信，从体育事业的跨越发展中汲取精神力量，在未来建设中再攀高峰，创造辉煌。

跨越千年开璀璨，耕耘卅载创辉煌

忆昔髫龄，奥运梦圆神州同庆；思今青岁，体育强国全民普及。2008年北京奥运会开幕式，让世界记住了中国红的颜色；2022年北京冬奥会成绩榜，让国人见证了体育梦的实现。短短14年，在人类历史长河中根本泛不起任何涟漪，但是在东方古老的国度，以体育盛事的强劲崛起，让人们感受到了中国跨越式发展的速度、力度与温度。这一份沉甸甸的国力跨越，仰仗的是厚实的文化底蕴，依靠的是先进的制度体系，展望的是宏伟的未来画卷。

喬喬文明，凝结起国力跨越之筋脉。当我们打开回忆的匣子，一帧帧清晰的影像变得生动起来。在2008年奥运会火炬的海外传递途中，多少中华儿女挺身而出，以铮铮气节遏止了凶邪暴徒毁灭火炬的企图，他们胸中孕育着炽烈的家国情怀；在两次奥运会的开幕式上，无论是铿锵《论语》诵，吉祥五福娃，还是玲珑雪容融，速滑冰丝带，都彰显了中国文化的雍容典雅，和合尚义，容纳万象。奥运会的成功举办，鉴证喬喬文明，凝结起国力跨越之筋脉。

皇皇制度，架构着国力跨越之气血。旧中国积贫积弱，根本无力与西方强国在体育场上角逐高下。1949年以后，我国终于迎来了体育竞赛的“春天”。自1984年许海峰射枪夺得首金以来，中华健儿屡屡登上领奖台，为国争光。正是由于党的正确领导，尤其是党的十八大以来，国民经济蓬勃发展，综合国力蒸蒸日上，炫耀科技闪亮世人，才使得体育巨舰乘风破浪，驶向深蓝。起步2008，腾掷2022，皇皇制度，架构着国力跨越之气血。

浩浩征程，孵化出国力跨越之灵魂。回首往昔，趴在饭桌前看奥运直播的我，情尚懵懂；再看今朝，坐在考室里书豪言壮语的我，志向远大。

十四年几经跨越，十四年楠木参天。未来，我们还需要敢跨越的豪情，能跨越的实力，会跨越的智慧。体育发展是国运隆盛的表征，我们年轻人更应该学习体育健儿赛场拼搏的峥嵘姿态，在关乎国计民生的各个领域挥洒才情，贡献智慧，耕耘卅载，不断跨越，为“第二个一百年”目标的早日实现不懈奋斗！日新月异的发展变化，风云诡谲的国际形势，昭示浩浩征程，孵化出国力跨越之灵魂。

广大青年朋友们！我们何其有幸，生长在红旗下，沐浴在春风里，中华民族比历史上任何时候都更加接近民族复兴的伟大梦想！且让我们高擎体育强国之大纛，奔向文化昌国之坦途，宣讲制度隆国之真理，谱写征程灿国之篇章！跨越千年开璀璨，耕耘卅载创辉煌！

阅读下面的材料，根据要求写作。

春秋时期，齐国的公子纠与公子小白争夺君位，管仲和鲍叔分别辅佐他们。管仲带兵阻击小白，用箭射中他的衣带钩，小白装死逃脱。后来小白即位为君，史称齐桓公。鲍叔对桓公说，要想成就霸王之业，非管仲不可。于是桓公重用管仲，鲍叔甘居其下，终成一代霸业。后人称颂齐桓公九合诸侯、一匡天下，为"春秋五霸"之首。孔子说："桓公九合诸侯，不以兵车，管仲之力也。"司马迁说："天下不多（称赞）管仲之贤而多鲍叔能知人也。"

班级计划举行读书会，围绕上述材料展开讨论。齐桓公、管仲和鲍叔三人，你对哪个感触最深？请结合你的感受和思考写一篇发言稿。

要求：结合材料，选好角度，确定立意，明确文体，自拟标题；不要套作，不得抄袭；不得泄露个人信息。

写作思路：

这是2020年全国Ⅰ卷的作文题。作文材料中讲到了齐桓公、管仲以及鲍叔牙三人间的故事。齐襄公死后，公子纠与公子小白争夺君位。管仲与召忽辅佐公子纠，鲍叔牙辅佐公子小白。本来小白登位，管仲必死无疑，可是因为齐桓公爱才、鲍叔牙举贤，才成就了这一对名扬千古的君臣。

这则作文材料的切入点是很宽的。从管仲的角度来说，他思想宽阔，没有像召忽一样为自己的主子死节，当时机成熟时，主动出山为苍生服务。从鲍叔牙的角度来说，他深明大义，心胸宽广，把管仲举荐给齐桓公，他是真正识才的"伯乐"，甘愿让管仲的位置在自己之上，试问古往今来，这样心胸宽广的人，又有多少？再从齐桓公的角度来说，他不计前嫌，宽容待下，既然认定了管仲的才能，就不惜许以重位，让其终成一代名臣。历史上传颂千古的君臣，是互相成就的。

如上所论，这三个人物共同体现一种可贵的品质——宽。围绕"宽"，只要举例得当，论证到位，写出一篇优秀的文章不是难事。

生命如宽，境界斯大

老师们、同学们：

今天我发言的题目是“生命如宽，境界斯大”。宽，是一排挺拔的胡杨，引导你走出劣质关系的荒漠；宽是一座明亮的灯塔，昭示你驶出无效社交的深海；宽是一条笔直的大路，启迪你挪出低等情绪的沼泽。没有宽，菡萏怎能出淤泥而不染，于夏日绽放它最优美的容颜？没有宽，鲲鹏怎能无视蜩鸠的嘲讽，于苍穹翱翔它最矫健的身姿？没有宽，乌龟怎能忽略兔子的鄙视，于终点昂扬它最高贵的头颅？

宽，能够成就民富国强的太平盛世。诚如材料所说，公子小白在顺利取得王位以后，赦免了当初欲置他于死地的管仲，听从以荐贤为德的鲍叔的建议，拜他为齐国的丞相。管仲也心胸开阔，丝毫没有怀疑新主对他的信任程度，在国相的位置上，兢兢业业，勤勤恳恳，终于辅佐君主“九合诸侯，一匡天下”，流芳青史。李世民在玄武门之变后，面对铁骨铮铮誓死不屈的魏征，他宽容大度，动之以情，晓之以理，说服魏征为新立的政权效力，于是，一对黄金搭档的君臣，无缝协作，擘画了贞观之治的锦绣图景。

宽，能够铸就山高水长的大家风范。王旦在担任宋真宗朝的宰相时，寇准经常在皇帝面前说王旦的坏话。但是王旦却常常赞美寇准，皇帝十分好奇。皇帝询问王旦缘由，王旦说：“臣担任相位既久，政事难免有阙，寇准事君无隐，值得重用。”王旦的宽厚大度，让人心生景仰。

宽，能够绘就春暖花开的乐生画卷。当代著名作家莫言，其母早年曾拾稻穗，却被田主无情地掌掴。多年后莫言长大，在街上认出那位田主想要理论，他的母亲摇摇头：不是同一个人！母亲的礼让，让出了一个诺贝尔文学奖得主。宽容的母亲，身上散发着人类最温暖的光辉。

《论语》云："士不可以不弘毅，任重而道远。"毛主席曾号召青年："世界是你们的，也是我们的，但是归根结底是你们的！"同学们，队伍已经集结，号角已经吹响，旗帜已经擎举，我们高中生除了狠练本领、增强体能、开阔视野、提高素养以外，更要领会"宽"的智慧，在"宽"的指导下成就不一样的人生！

生命如宽，境界斯大！

我的演讲到此结束，谢谢大家！

阅读下面的材料，根据要求写作。

为营造国庆氛围，树立向贤风气，复兴中学在2020年国庆节前夕举办了一场主题为“追溯历史·创造未来”的先进人物图片展，旨在引导学生不忘苦难历史，培养克难信心，涵育学生的爱国情怀。这次图片展选取了自鸦片战争以来，我国近现代史上涌现出的民族英雄、文化巨擘、科技大匠，如林则徐、左宗棠、梁启超、孙中山、毛泽东、周恩来、鲁迅、巴金、钱学森、邓稼先等人，并附以简要的事迹介绍。

学校团委要求，各班在组织学生看完图片展后，要再开展一场读图学史心得分享会。每班角逐出一名代表，参加全校的读图学史心得分享会。你被同学们选为复兴中学2001班的代表，请写一篇发言稿，参加全校的读图学史心得分享会。

要求：结合材料，选好角度，确定立意，明确文体，自拟标题；不要套作，不得抄袭；不得泄露个人信息。

写作思路：

这道作文题是典型的任务驱动型作文。考生在探究“任务”时，要尤其注意图片展所选取的那些典型人物的先进事迹，林则徐虎门销烟，左宗棠收复新疆，梁启超组织维新变法，孙中山领导资产阶级旧民主主义革命；鲁迅弃医从文，巴金用良心坚持写作说真话；钱学森冲破美国重重阻挠回到祖国，邓稼先为研究核武器，遭到核污染辐射不幸罹患癌症；周恩来从小树立“为中华之崛起而读书”的宏伟志向，毛泽东带领全国各族人民，推翻“三座大山”，国人真正地站起来了！

由于是近现代史先进人物图片展，考生可以根据学习到的历史知识，对中国近现代史简单梳理一遍，从中发现支撑中华民族在每一个生死存亡的紧要关头，咬牙坚挺过去的精神力量，这种精神力量是中国人之所以成为中国人的标识，是推动我们未来在建设祖国的征程中攻坚克难的磅礴伟力。作为新时代的年轻人，眼光要看长远，置身于百年未有之大变局，面对错综复杂的国际局势，青年人应该怎么办，在当前的条件下可以怎么办……照此行文，立意庶乎近矣。

青年当奋起，矢志创辉煌

尊敬的老师，亲爱的同学们：

大家上午好！读史感怀国运，修学开拓未来。今天，我很荣幸参与学校举办的读图学史心得分享会，我想就“青年担当，创造辉煌”这个话题，谈一谈自己在本次读图学史活动中的一些收获。我们学过近代史，都知道我国自1840年以来，由于清政府的腐败无能，在国际外交舞台上节节败退，被迫与帝国主义列强签订了丧权辱国的不平等条约，从此，中国人民陷入了万丈深渊，神州哀号，草木变色。为了改变中华民族积贫积弱的局面，一批有志青年在救国存亡的道路上默默探索，书写了一部部可歌可泣的篇章。回望历史，那些在岁月深处渐行渐远的身影，带给今天的我们太多的感动。

洋务自强，技术救国。19世纪70年代，一群饱读童蒙经典的孩童被层层选拔出来，作为清政府重点培养的对象，被派遣至大洋彼岸接受美国现代化的科学教育。他们忍受着与亲人分离的痛苦，克服语言交流的困难，啃书本，钻理论，搞实践，誓要把最先进的生产力带回养育他们的祖国。他们不负所学，满怀报国心愿，在当时落后的故土洒热血，干实业，富经济，其中涌现出詹天佑等著名科学家，奠定了我国近代工业的基础。除此以外，还有写出“少年智则国智”的梁启超，以及笑赴刑场，念出“我自横刀向天笑，去留肝胆两昆仑”的谭嗣同，还有写出“埋骨何须桑梓地，人生无处不青山”的毛泽东……那个时代的青年，尽管隔绝时间隧道，我依然可以闻见他们关心世务，济苦苍生的雄浑大音！

破壁求生，挟弹壮威。20世纪60年代，我国外交环境陡然变得险恶起来。社会主义阵营老大哥“苏联”一夜变脸，调回所有援助中国的技术骨干，还扬言要对中国动粗；美国更是凭着自己军工科技发达的优势，觊觎中国的广袤国土和丰富资源。处于世界的两个超级大国中间，毛主席沉着冷静，大手一挥——中国人就算是勒紧裤腰带，也要搞出原子弹等核武器。在他老人家的号召下，数万风华正茂的青年奔赴大漠腹地，在“瀚海阑干百丈冰”的环境中，艰苦奋斗数载时光，家人由于与他们长期缺少音信沟通，逐渐疏如路人。然而，正是这些不计报酬、以身许国的青年，为祖国树立起了厚实的国防屏障，当 1964 年第一颗原子弹爆炸成功时，他们已然被镌刻进了祖国的记忆中。

时代潮头，再展新姿。现在是 2023 年，经过过去几十年的飞速发展，国家取得了长足进步，各领域的发展成就令世人惊叹。我们比历史上任何时候，都更加接近实现中华民族伟大复兴的梦想，我们有理由腾跃欢呼，但同时也要看到，当代国际风云变幻莫测，一些国家无法正视我国的和平崛起，处心积虑地进行各种破坏。为此，作为新时代的青年，更要站得高，看得远，认清世界政治形势，全球经济趋势，国际文化大势，不断强化思想政治意识，苦练本领，在祖国召唤我们的时候，可以随时奔赴最艰苦的地方，做出无愧于前人的业绩，这，就是青年的姿态！

谢谢大家，我的演讲到此结束！

阅读下面的材料，根据要求写作。

有人说，今天的中国文盲不多了，美盲却很多。教育家蔡元培说："在嚣杂的剧院中，演那简单的音乐，卑鄙的戏曲。在市街上散步，只见飞扬尘土，横冲直撞的车马，商铺门上贴着无聊的春联，地摊上出售那恶俗的花纸。在这种环境中讨生活，怎么能引起活泼高尚的感情呢？所以我很望致力文化运动诸君，不要忘了美育。"人类社会不可缺少美，犹如生活之需要阳光。美育是培育健全的人不可缺少的教育，犹如维生素之于生命。

向美而行，不是为了让少数人掌握"一技之长"，而是为了让所有青年学子在自然之美、文化之美、生命之美中追求更有品质的人生，领悟到人类精神疆域的自由、富饶、高远和博大。

以上材料触发了你怎样的联想和思考？请以"我眼中的美育"为主题，写一篇文章。

要求：结合材料，选好角度，确定立意，明确文体，自拟标题；不要套作，不得抄袭；不得泄露个人信息。

写作思路：

这篇作文材料的第一句话，一针见血地指出了当前社会民众感受美的能力较为欠缺。虽然不少人接受了高等教育，获得了相关的文凭，但是他们的心灵逐渐钝化，感受不到美的存在。很多人在扁平化的社会潮流厘定的千篇一律的模式中生活，随波逐流，终究无法启动发现美的能力。

要在美的殿堂徜徉，就必须静下心来，用自己的思维去感受。材料第二段指出，青年学子可以在"自然之美、文化之美、生命之美"中去追求更有品质的人生，这实际上是告诉考生写作可以涉及的方向。自然之美，它表现在雄伟的山岳、奔腾的河流；文化之美，它表现在深奥的经典、温暖的民俗；生命之美，它表现在草木的枯荣、动物的生死……摒弃外在的浮躁，领略美的独特内涵，从当下开始。

青年何所爱，大美暖人生

苏联教育家苏霍姆林斯基认为：美，是道德纯洁、精神丰富、体魄健全的强大源泉。人生世间，贫富不等，穷通难定，唯美恒在。美，是生命最鲜亮的光。

锦衣玉食者，不一定能发现美的缥缈踪迹；身无长物者，也有可能走进美的璀璨殿堂。青年人志在山海，心系云月，更该与美同行，向美而翔。青年何所爱，大美暖人生！

来吧！请从智能网络编织的小阁楼里走出，让阳光照耀你蜷曲的毛发、让轻风抚摩你皲裂的肌肤、让雨露濡湿你干枯的心灵，随我踏上这趟寻找人间大美的旅程！

登山涉川，感受自然之美。秋高气爽，风收烟净，天迥地阔。此时正该登顶东岳之首的泰山，领略杜子美“会当凌绝顶，一览众山小”的豪迈。迨至黎明，红日东出，赤色皴旭，看见一轮小圆球，经掌间捧出，岚霞四合，渐次而散，天地陡然变得澄澈！月明之夜，星辉皎洁，最宜与友人乘兴携酒，泛于湘江。波声镗鞳，涛影清幽，叙今话古，谈儒说释，欣赏唐温如“醉后不知天在水，满船清梦压星河”的浪漫。岳麓山钟灵毓秀，鸢飞鱼跃；橘子洲物华天宝，万类竞发。这份美，是自然的馈赠。

守中融西，仰慕文化之美。经以阐道，史以明伦，都是世间最厚重的文字。作为成长于新时代的青年人，应当仁不让地扛起弘扬优秀传统文化、融合多元创新发展的光荣使命，让历尽岁月洗礼的斑斓经史，显现出它博大精深的雅量。研《周易》，慨叹华夏先祖总结宇宙规律的智慧；诵《论语》，钦佩孔门弟子传播仁义礼乐的坚韧；学《心经》，了悟佛家圣贤参透生死轮回的洒脱。我们读雨果，学到他悲天悯人的情怀；我们读泰戈尔，学到他炽烈纯粹的乐观；我们读马尔克斯，学到他魔幻现实的瑰丽。

这份美，是大师的结晶。

感天动地，礼敬生命之美。佛偈曰：“一花一世界，一叶一菩提。”佛将芸芸众生分为有情与无情两类，虽然心识有别，却都同圆种智。生命如此高贵。白居易早年写诗：“离离原上草，一岁一枯荣。野火烧不尽，春风吹又生。”生命如此顽强。元好问曾经吟咏：“问世间情是何物，直教生死相许?”生命如此重义。你可曾见过失去全部螯足与步足、凭着意志“涅槃重生”的螃蟹？你可曾见过没有四肢却靠演讲鼓励世人的豪杰？你可曾见过地震中以身护儿不惜捐躯的母亲？这份美，是英雄的赞歌。

亲爱的你，走完这趟寻美旅程，是否被这世间大美暖到了呢？

青年何所爱，大美暖人生！

阅读下面的材料，根据要求写作。

记者问了几位著名作家一个同样的问题：假设您正在策划一场宴会，可以邀请在世或已故的作家出席，您会邀请谁？宗璞的邀请名单有四位中国人，苏东坡、李义山、司马迁、蔡文姬；三位外国人，英国的托马斯·哈代、挪威的易卜生、丹麦的安徒生。范小青说，她会邀请很多作家，都是她从心底里喜欢的同行，无论他们有名无名，成功与否。赵本夫说，他不会策划这样的宴会，但如果有朋友到他家来，一定有酒喝。

这个问题如果问你，你的回答是什么？请据此写一篇文章，表达你的感悟与思考。

要求：结合材料，选好角度，确定立意，明确文体，自拟标题；不要套作，不得抄袭；不得泄露个人信息。

写作思路：

这篇作文材料的核心内容，涉及文学创作的取法对象问题。一个刚出茅庐的作家，或是有心于文艺创作的优秀青年，最开始的文学历程，或多或少都有学习、模仿名家大师的痕迹。作文材料构想出一幕设宴的场景，做东的三个人，一是宗璞，她是近代哲学家冯友兰的女儿，是老一辈作家的典型代表，以作品《东藏记》获第六届茅盾文学奖，以作品《北归记》获第三届施耐庵文学奖。她邀请的7个人，都是中外名家，表示写作要借鉴一流作家的经验。范小青为江苏省作家协会主席，她的《角色》《无情物》都是获过大奖的优秀文学作品。她认为写作者不管成名与否，只要她认可，便会邀请与席，寓意用生命去写作的人，都值得敬重。毕竟，谋事在人，成事在天，有些作家不出名，不代表不优秀。赵本夫，江苏省作家协会专职副主席，一级作家。其小说《天漏邑》荣获“首届汪曾祺华语小说奖”、第三届施耐庵文学奖。他的观点是欢迎对文学感兴趣的朋友做客，他以美酒招待。我们常说：“我有美酒，你有故事吗?”这说明，文学创作要广泛吸纳来自社会方方面面的故事素材。

擎生命之巨笔，咏千古之华章

文学实践离不开对古今大家的形式模仿、内容借鉴和意境师法，其学习对象除了中国的名家，还应该有外国的巨擘；文学评价也不能仅参考作品荣誉、作家声望、作协态度，还要看创作者对文学是否倾注了全部激情；文学创作离不开对现实生活的广泛观照、高度提炼、深入思考，除了应取材于邦国经济、风花雪月，还要从市井商侩、柴米油盐中汲取养分。

若让我设计一次晚宴邀请文人出席，那份滚烫的名册上应有辛弃疾、列夫·托尔斯泰，余秀华，马慧娟。当然，我还要让家乡的老爷爷带上特产的米酒，也来晚宴细叙物事变迁、浮生感慨。为示敬重，我会将此次晚宴命名为：擎生命之巨笔，咏千古之华章。

仰望大师，浇培华章之根。古往今来的大师们，以自己的深邃智慧与高超才华，写出了光耀天地的作品。辛弃疾本是军中奇才，志在戎马，怎奈生不逢时，软弱的江南朝堂，放置不下他日夜吟啸的一柄宝剑。于是他用悲酸的血泪，撰写了一阕阕锥人心肺的词章。列夫·托尔斯泰出身贵胄，不愿迷茫苟且，他矜怜下层农奴的处境，目睹资本主义的罪恶，将满腔大爱熔铸为《战争与和平》《复活》等世界经典。仰望闳博大师，能够浇培华章之根。

亲近文士，繁茂华章之叶。在今天这个正统文学式微的年代，仍然有不少步履偃蹇的草根，像瞻望北斗星那样，对文字保持着最圣洁的感情。余秀华，一个身体残疾的农村妇女，爱恨情仇，烈酒浓茶，都化为摇摇晃晃的呐喊，喊出了洒落左手的月光。马慧娟，一位地地道道的农妇，在荒坡田畴里，在羊圈鸡埘边，在蓝天白云下，写出了最纯净的文字。她们的诗文，稀释了功名的重量。两个用生命在写字的人，最可爱的文坛守望者。亲近清雅文士，可以繁茂华章之叶。

倾听生活，饱满华章之果。文学最清澄的源头就是生活，那种热辣辣、冷冰冰、暖洋洋的真实，能够给文学提供最深厚的滋养。家乡的老爷爷带来了米酒，也带来了感人的故事。那些让我惊叫、哭泣、愤懑甚至是咒骂的故事，从家乡的烟囱里飘出来，颠簸过一条条弯弯曲曲的山路，黏进城市中心市场的摊位，把男女老幼、官商药士的心思都听了出来，再糅进了这瓶浓香馥郁的米酒。我醉了，可我却看到了文学最本真的模样。倾听繁芜生活，必会饱满华章之果。

这场晚宴，从傍晚吟诵到深夜，又从深夜绽放到凌晨，再从凌晨热烈到黎明。终于，东方跳出了一抹鱼肚白，作家们都乘着云霞打道回府了，老爷爷独自朝着朝阳升起的地方，走去。视线逐渐模糊，唯有那几个镌钤在晚宴横幅上的汉字愈发清晰：擎生命之巨笔，咏千古之华章。

阅读下面的材料，根据要求写作。

岁月更替，华章日新。高速发展的中国已然进入“快时代”，新四大发明见证的中国速度便利了人民的生活，也让人们的追梦之路更加顺畅。“快时代”里有“慢风景”。81对公益性“慢火车”，155个无轨站、惠及600余个边远山区县百姓出行，“慢火车”不仅联通了城市和乡村，也让大山中的人们实现了走出去、富起来的梦想，更搭建了一条脱贫奔小康的共同富裕之路。它以抵达人心的温情，诠释了这个时代别样的情怀。

“快时代”里也有“慢一族”。线上挂号难操作、智能终端太难学……推动社会快速发展的智能技术，成了慢一拍的“银发族”的“数字鸿沟”，测量着社会的温度。在“快”与“慢”之间，人们读懂了当代中国，也感受着这个时代的情怀和温度。读了以上材料，你有何感想？请写一篇文章表达你的思考。

要求：选准角度，确定立意，明确文体，自拟标题；不要套作，不得抄袭；不得泄露个人信息。

写作思路：

这是一道典型的思辨型作文题。当代中国，发展节奏越来越快，这极大地便利了民众的生活，提高了人民群众的幸福指数。我们要肯定快速度赐予的福利。但同时，我国广大的边远地区，由于历史、地理等因素，可能赶不上新时代这辆“特快列车”，这时就需要政府及时兜底，为他们订制“绿皮慢车”，这是政策暖心的体现。毕竟，让全体民众共同富裕，这是社会主义的本质。在全民小康的路上，如果有民众掉队，这样的“小康”终究要大打折扣。

此外，我国已经进入老龄化社会，庞大的老年人群体，与日益倚重智慧设备生活的当代社会逐渐疏远，他们或将成为时代的“弃儿”，这是大家都不愿看到的凄凉局面。每个人家里都有老人，我们也都会变老。为此，国家应该考虑到老年人的特殊性，出台相关政策，温暖老年人的生活，让人文关怀的种子撒满华夏。

求速度，立高度，留温度

一个国家的发展，既需要物阜民康、日新月异的繁荣昌盛，也需要老安少怀、随车致雨的德政仁风。中国是有着璀璨儒家文明的社会主义国家，从《礼记》中宣扬的“大道之行也，天下为公”，到孙中山先生在《中国同盟会革命方略》中规定的“文明之福祉，国民平等以享之”，再到习近平总书记在党的二十大报告中提出的“发展全过程人民民主，丰富人民精神世界，实现全体人民共同富裕”，当代中国，在综合治理全面发展的过程中，正向世人交出一份求速度、立高度、留温度的答卷。

惠泽民生，追求中国速度。高铁、网购、扫码支付、共享单车，一度被热心的网民们评选为中国的新四大发明。的确，时速超过 300 公里的高铁，让更多国人的诗与远方，不再是梦的奢望；基于互联网科技的线上网购，让物美价廉的各类商品，调剂着民众的日常生活；扫码支付，给传统交易加固了安全保障的防火墙；共享单车，使城市出行笼罩于一片怡人的绿色春景。连同“基建狂魔”的标签，新四大发明等科技，以追风般的速度向 14 亿民众描绘着“快”的生动图景。

关怀民情，站立中国高度。在让民众领略到“快风景”的同时，我们欣慰地看到，国家宏观调控的大手，没有忘记去抚摩那些被遮掩在时代光影下的水土。“慢火车”、“无轨站”，惠及大山深处的弱势群体，让他们与现代都市建立联系，“快”的动能，在“慢”的区间搭起一座座脱贫致富的桥梁。这些温情的举措，彰显了社会主义制度的优越性，体现了政府实施以民为本的发展理念，在全面奔小康的路上，不让任何一个民众掉队，这是负责任的大国政府，站在历史和时代的高度，向民众作出的庄严承诺。

纾缓民瘼，展现中国温度。当代中国，不缺速度，不乏高度，但在完善智慧治理体系的过程中，需要向外界展现更多的温度。当年轻人醉心于数字智能技术时，不要忘记还有一个为数众多的群体，他们银发霜鬓，步履蹒跚，被光怪陆离的数字世界，阻隔在“鸿沟”一侧。不会扫码，不会网购，不会抖音，他们渐渐被遗忘。在具体的基层治理实践中，要出台一些惠老政策与措施，以真情敬老，以至情尊老，以热情助老，全社会以只争朝夕的情怀，酝酿霞满桑榆的温度。

当代中国，是一个既有速度，又有高度，更有温度的神奇的国度，有志青年当以如椽巨笔，深入体会“三度”的内涵神韵，在前辈们的基础上，铺纸着墨，擒彩涂文，描绘出更加灿烂的盛世图景。

阅读下面的材料，根据要求写作。

①公元前237年，秦王嬴政下令驱逐在秦的六国客卿，李斯从“跨海内、制诸侯、平天下”的高度写下《谏逐客书》直言谏阻，情辞恳切，最终说服了秦王，维护了秦国的根本利益，为秦朝统一天下奠定了基础。

②1911年，时年二十五岁的革命志士林觉民在给妻子的绝笔信中写道：“吾充吾爱汝之心，助天下人爱其所爱，所以敢先汝而死，不顾汝也。汝体吾此心，于啼泣之余，亦以天下人为念，当亦乐牺牲吾身与汝身之福利，为天下人谋永福也。”

③“17年前，70多岁的奶奶坐着轮椅，把身为医生的爸爸送上支援太原抗击非典的战场；17年后，66岁的爸爸把作为医生的我送上前往武汉的飞机。”2020年初，山西省长治医学院附属和济医院的呼吸内科主治医师、36岁的王婷说，“当年，爸爸参加了抗击非典，现在轮到我了。”

“一代人有一代人的长征，一代人有一代人的担当。”今天，新时代的青年人应具有怎样的抱负，承担怎样的使命？

请结合材料内容，面向本校（统称“复兴中学”）同学写一篇演讲稿，体现你的认识与思考，并提出希望与建议。

要求：自拟标题，自选角度，确定立意；不要套作，不得抄袭；不得泄露个人信息。

写作思路：

这一道作文题有三则材料，三则材料间存在着一定的逻辑关系。第一则材料说的是李斯站在人才兴国的高度，劝阻嬴政驱逐六国客卿，这说明青年人要具备开阔的胸怀，高远的格局，卓荦的器识；第二则材料引用林觉民的事迹，告诉青年人要有舍小我为大我的高洁品质，将个人奋斗融入时代的发展潮流中去，才会实现个人价值；第三则材料说明大爱情怀的代际传承，只有一代又一代人呵护这份情怀，作为家庭的荣耀，青年人的生命才更有意义。

绍绪先勋凭大爱，复兴祖业展宏图

——在复兴中学的演讲

老师们、同学们：

大家好！今天我演讲的题目是“绍绪先勋凭大爱，复兴祖业展宏图”。历史滚滚向前，乾坤生生不息。作为青年人，抱负远大，使命光荣！当代青年，此志雄哉！人们说，一代人有一代人的长征，一代人有一代人的担当；然而综观古今，青年人要想成才建功，必须将个人努力同社会发展结合起来：开阔心胸、海纳百川，急公好义、奋勇当先，传承家训、追逐荣耀。

青年人要开阔心胸、海纳百川。雨果说，世界上最宽阔的是海洋，比海洋更宽阔的是天空，比天空更宽阔的是人的胸怀。胸怀大了，眼界高了，视域远了，才能统筹总揽，高瞻远瞩。历史上不乏这样的豪杰。秦王嬴政曾要驱逐六国客卿，李斯劝其礼遇人才，挥毫撰文，层层譬喻，终于劝阻秦王留下六国客卿，为秦国的壮大奠定了人才基础。

至于心量狭隘者则不然，嫉贤妒能，党同伐异，害人终蠹己。庞涓容不下孙膑的才华，捏造罪名将其双足砍掉，不料自己最终败于马陵之战，为天下讥笑；秦桧对金人卑躬屈膝，以“莫须有”三字冤杀岳飞，也将自己钉在了历史的耻辱柱上……因此，青年人唯有开阔心胸、海纳百川，才能际会风云，留名青史。

青年人要急公好义、奋勇当先。义者，宜也，凡利于世间苍生之事者，皆当排除万难，竭力而为。近代鼎革，起义蔚起，如林觉民者，堪称文士榜样。在最美好的年华，决然为国捐躯，其勇毅、其深情、其通透，都糅进了一篇《与妻书》。以笔为刀的鲁迅，伶剧倡义的汪笑侬，遁空醒世的李叔同，著述弘文的王国维，皆此类也。

青年人要传承家训、追逐荣耀。中华民族历五千年风雨侵蚀而屹立不倒，离不开家庭教育。家族教育表现于家训的文字、长辈的训诲、氏族的风范。那些世代为国尽忠、徽音永续不绝的家庭，犹如天上的星辰予人光明。诚如王医生所说，她接过了父亲手中的爱心棒，又奔赴下一场救死扶伤的旅程。此爱清澈，沁人心脾！

皇皇华夏，善意流淌，像王婷这样尚义而行的文明家庭还有很多。袁隆平是享誉世界的“杂交水稻之父”。他的儿子袁定阳，继承父亲的志愿，淡泊名利、扎根田畴，续写水稻研究的传奇；王化金是渤海某孤岛的守卫，他逝世后，儿子王明海继续守望海岛，把自己站成灯塔。故而，青年人要传承家训、追逐荣耀，才能傲立天地，彰显良知。

同学们，处于百年未有之大变局的时代，在向中华民族伟大复兴目标进军的途中，我们还会面临更大的风浪；可是，青年人只要开阔心胸、海纳百川，急公好义、奋勇当先，传承家训、追逐荣耀，就能在新时代绍绪先勋凭大爱，复兴祖业展宏图！

我的演讲完毕，谢谢大家！

阅读下面的材料，根据要求写作。

水流常常呈现为如下几种状态：始终向前、欢快奔流、遇阻绕行、路尽蓄势、融入大海。

以上材料对我们颇具启示意义。请结合材料写一篇文章，体现你的感悟与思考。

要求：自拟标题，自选角度，确定立意；不要套作，不得抄袭；不得泄露个人信息。

写作思路：

一般来说，材料字数越少的作文，越不好写。这一道作文题的材料，只是向考生介绍了水流的几种形态：始终向前、欢快奔流、遇阻绕行、路尽蓄势、融入大海，留给考生较大的想象空间。古人说“上善若水”、“水善利万物而不争”，因此，水中蕴藏的智慧，能够穿透历史的烟云，指导今天的人们立身处世。

认真分析水流的这五种状态，我们大致可以把它们分为三个组：始终向前、欢快奔流象征人一旦确立了目标，就应该向着目标矢志不渝地奋斗前行，而且是心情开朗、轻装上阵地前行，这特别重要；遇阻绕行、路尽蓄势象征人要懂得转弯，适时变通，并且在外界环境已经发生变化的前提下，默默耕耘、忍辱负重，不鸣则已、一鸣惊人。要求自己主动适应社会潮流的改变，让自己可以华丽转身；融入大海启示我们，一个人，特别是青年人，只有从群众中去汲取智慧，才会让自己的心胸变得开阔，事业变得顺遂，前途变得光明。水流融入大海，也可以从生命哲学的角度进行解读：人们赤条条来到这个世界，什么也没有带来，最后又赤条条地离开这个世界，什么也带不走。正所谓尘归尘，土归土，这是生命的大潇洒、大解脱、大涅槃。

在行文过程中，要克服只有论证而没有论据的“呆滞”作文，这种作文是没有多少生命力的。议论文的三要素：论点、论证、论据，在写作时缺一不可。此外，在使用素材时，要懂得分析鉴别，哪些素材对本论点的阐发最有益就选上，反之则弃选。

生命如流水，静思自大观

《道德经》言“上善若水”，《三字经》云“人之初，性本善”，照此推论，人之生命当如流水——川畅则激湍，途滞则渊渟，湍渟自得，尽显风采。涓滴水流，就下入海，这是它的本性。就其状态来说，或蕴磅礴动能而肆奔，或遇强劲阻碍还迂行，或蓄昂扬气势以飞泻，都是为了成就最终的“归海”。所以说，生命如流水，静思自大观。

读懂流水，便知如何规划生命。

似流水直奔向前，欢乐愉悦。水朝大海，志不可改。孔子在《论语》中说“三军可夺帅也，匹夫不可夺志也”，强调立志的重要性。

水流向前，轻吟欢歌。诗豪刘禹锡说：“自古逢秋悲寂寥，我言秋日胜春朝。晴空一鹤排云上，便引诗情到碧霄。”公元805年，才华横溢的刘禹锡参与了永贞革新，本想使朝政焕发生机，没料到政坛波诡云谲，他旋即被贬蛮荒。可天生乐观的刘禹锡并没有向苦难投降，他以如椽大笔摹写心声，留下诸如“沉舟侧畔千帆过，病树前头万木春”等脍炙人口的诗句，他的精神风骨也成为古代士林中最亮丽的一抹风景。

似流水随方就圆，俟机蓄能。一江春水，汹涌澎湃，气象万千，摄人心魄。但当遇到顽石阻挡时，它只稍行漩洄便再度奔腾起来。人生何尝不是如此？哲人道，常想一二，不思八九，驾驭人生巨轮，需要有随方就圆的智慧。

我们发现，当一川流水淌至水道的尽头，前面哪怕是万丈悬崖，它也毫不畏惧。它开始积蓄能量，华丽转身为一帘瀑布，刹那间草木偃卧、丘壑争喧，真乃天地大美。2021年夏，教育部“双减”政策出炉，培训机构遭遇寒冬。新东方前总裁俞敏洪，这个被网友赞为真汉子的企业家，捐献数十万套课桌椅，还助力乡村振兴，创立“东方甄选”，涉足直播行业，做出非凡业绩。而“东方甄选”的台柱子董宇辉，早已“圈粉”无数。

似流水以一融众，圆满意义。一滴山泉，从岩缝渗出，汇入沟渠，再经沟渠流入溪涧，进而涌入大河，最终融入大海，才圆满了自身的意义。人生不也如此吗？高耸云端的桂冠，只有沾染尘土、熏燎烟火、拥抱平凡，才显出其光辉。

阅读下面的材料，根据要求写作。

诺贝尔和平奖得主，南非前总统曼德拉，曾被关押在监狱里二十七年。他曾说：“当我走出囚室，迈过通往自由的监狱大门时，我已经清楚，自己若不能把悲痛与怨恨留在身后，那么我仍在狱中。”

对于曼德拉的这句话，你有什么认识？请写一篇文章，谈谈你的看法。

要求：自拟标题，自选角度，确定立意；不要套作，不得抄袭；不得泄露个人信息。

写作思路：

这道作文题，引用了南非前总统曼德拉的经典名言，引人深思。他那句话里面有三个关键词：自由、悲痛、怨恨。对于我们每个人来说，都渴望自由的生活状态，谁也不愿意自己失去人身自由。这里的“自由”，还可以指幸福、和平、富有、尊贵、喜悦等生活状态。要想获得这些，就必须舍弃悲痛与怨恨。

事情已经发生，一味地纠结于过往，沉浸在过去的故事里，不能让自己守得云开见日明。即使过去的回忆是温馨的，人也不应该常常以此而忘了当今，何况还是悲痛的回忆，更应该把它们丢进风中。另外，人也要放下怨恨。怨恨是没有用的，只会伤害自己，使个人的情绪极端扭曲。但放弃怨恨也要区分适用的事件。对于那些伤害民族感情的龌龊行径，我们不能劝人轻松地放弃怨恨。毕竟，如果人们连对民族造成屈辱的历史事件，都生不起怨恨的基本感情，正常的教育将无法开展。比如对日本侵华战争，国民保持适当的怨恨，我认为是必要的。它时刻提醒我们要自立自强，绝不允许这种悲剧再次发生。

放下悲痛和怨恨，就会迎来喜悦与感恩。对我们造成负面影响的情绪，还可以加上“沮丧”。放下沮丧，就会迎来昂扬的状态。它们是我们生命中的光束，往后余生，不管前路多么黑暗，我们都可以在这道光的照耀下，坚定前行，势不可挡。

生命中的那道光

尘世繁杂，事理万千，在通往梦想海洋的征途中，总会有辛苦的跋涉，艰难的旅程，晦涩的回忆，它们沉淀在我们生命的江河里，浮现出悲痛、怨恨、沮丧的水沤。生命的小船乘风破浪，勇往直前，唯有一路净化自己的心境，鞭策自己要高擎洞悉物态人情的那道光，才能邂逅喜悦、感恩、昂扬的涟漪。当小船抵达江海相接处的那一刻，不妨吟咏出“最贵人生是自由，和平梦想润春秋。心光辉映明天日，云淡风轻何处求”的修身诗句。追随唤醒灵性的那一道光，你会领略奇幻绝美的大洋风景。

放下悲痛，成就了千古流芳史圣。公元前99年，正当壮年的司马迁，因李陵事件被施以宫刑。这对一个男人来说，是最大的耻辱。司马迁想过自裁，可这个念头一闪即逝，他立即想到了自己的使命——撰写一部通史。在《报任安书》中，司马迁极尽款曲地表白了自己的心迹，曾经的愁肠百结，凝结为扣人心弦的劝世经典：“人固有一死，或重于泰山，或轻于鸿毛。”当抉择跨越煎熬，他获得了新生。于是，他放下了悲痛，在历史的夜空中深情蘸墨，终于写成了震烁乾坤的巨著《史记》。他的那道光如是皎洁。

放空怨恨，锻就了一代书画大师。谈到中国现代美术以及文学的成就，绝对绕不开一个人——木心。曾有报刊如此评价他：“木心是华人文化界的一位传奇大师，被视为深解中国传统文化的精英和传奇人物。”但他一生三次蒙冤入狱，这样困苦的经历无论加在谁的身上，都是极难走出去的阴霾。但他并未因此而放弃对艺术的耕耘。木心的作品，让人们看到了一具干净澄澈的灵魂。他对独立与纯粹的守望，值得令人钦佩与学习。他放空了怨恨，将自己活成了美与真理的化身。他的那道光如是温暖。

放置沮丧，炼就了“杂交水稻之父”。袁隆平在研制杂交水稻的过程中，遭遇了无数次的失败挫折。水稻不能杂交，这是西方科学界的传统认知。袁隆平撰文指出水稻可以杂交后，一帮所谓的“专家”对其进行学术上的“围追堵截”。他没有因此止步，而是默默证明自己。20世纪，我国的科研条件极其艰苦，可这些并没有浇熄袁隆平为黎民谋福祉的热情，而是让他行稳致远，泽被苍生。他放置了沮丧，创造了一个杂交水稻走向全球的圆梦时代。他的那道光如是璀璨。

风华青年，置身于百年未有之大变局中，如何紧跟时代潮流，拓宽胸怀格局，双赢学业事业，是每个有志青年都要深入思考的问题。中国有句古话说得好，厚德载物，自强不息，我们为人生预设的目标越是远大，前进路上就越会遭遇各种障碍磨难。当自己的内心逐渐坚强而柔和起来，过往的那些悲痛、怨恨、沮丧，都化作了岁月的云烟。

正如苏轼所言：“回首向来萧瑟处，归去，也无风雨也无晴。”且让我们心朝大海，头顶星辰，跨过悲痛、怨恨与沮丧的鸿沟，到达喜悦、感恩与昂扬的国度，点燃、守护并传递那一道光，以和平之曲，颂自由之春，享生命之美。

阅读下面的材料，根据要求写作。

2022 年央视春晚舞蹈诗剧《只此青绿》中，舞者身着青绿色曳地长裙，头梳高耸的发髻，慢移莲步，翩跹起舞。观众直呼“青绿腰好美好绝”，据说全网点赞数超过 3 亿次。该节目以北宋王希孟《千里江山图》画卷为灵感而创作，用舞蹈的韵律展现宋代迷人优雅的美学特征。为了创作，编导们先研究《千里江山图》，后又几乎看遍了宋代的诗词、绘画，还多次与故宫博物院专家交流，用时近 20 个月才将作品搬上舞台。《只此青绿》不仅在春晚火出了圈，更在全国巡演中创造票房奇迹，在成都站连演 7 场，依然一票难求。总编导周莉亚和韩真说，该剧的创作初衷是以现代艺术展现中国古典艺术之美，彰显中华优秀传统文化的独特魅力。

以上材料对我们有启示意义。请结合材料，自选角度写一篇文章，体现你的感悟与思考。

要求：自拟标题，自选角度，确定立意；不要套作，不得抄袭；不得泄露个人信息。

写作思路：

这道作文题的材料部分字数较多，很容易理解，如果照着“弘扬传统文化”的思路去写作，中规中矩，很难写得新颖别致。传统文化的弘扬，是个老生常谈的话题，在联考写作中常会露脸。一般情况下，考生会因传统文化而树立文化自信，发愿今后认真学习传统文化，最好可以投入实践去做与弘扬传统文化相关的事情。

但，在这则作文材料中，我却看到了北宋的衰弱，文化的无力。北宋时期，我国封建社会的经济、文化、科技都发展到了一个高峰，可军事始终不振。在与契丹族、女真族的多次交锋中，北宋屡屡败阵，让人唏嘘不已。由此我们总结得出，文化的繁荣，除了需要富庶的经济作支撑以外，也离不开强大军事的保障。今天，我们可以坐在电视机前，与家人其乐融融地欣赏《只此青绿》，一定要感谢那些为国防科技作出贡献的英雄们，此方岁月静好，彼处负重前行！

诗书传道古，剑戟啸云高

在2022年央视春晚庞大的节目阵容中，一出精美绝伦的舞蹈诗剧《只此青绿》，以古典的造型、盎然的诗意、鲜明的主题，让亿万民众见识了华夏衣冠、领略了中土文明、提振了家国情怀。人们仿佛穿越历史的迷雾，置身于绮丽清华的北宋，脚踏莲步、手把经书、口啜醇醪，与那二八佳人共醉烟霞。

然而，富丽堂皇的文明宫殿，若没有陵劲淬砺的宝剑长戈以作护盾，那些逗秋雨、闭春花的歌阕舞蹈，终究只会化作一簇绚丽的昙花，开于一瞬，黯于一旦。“渔阳鼙鼓动地来，惊破霓裳羽衣曲”，白居易将《长恨歌》中的怅惘遗憾，留赠给了千载以后的我们。我认为新时代的人们，面对文化建设、文化强国的正确态度，应是诗书传道古，剑戟啸云高。

毋庸置疑，《只此青绿》播映后引起的巨大反响，最重要的原因，当归功于它取材于中华优秀传统文化，又糅进了当下文艺界的表达元素，契合了国力上升时期人们对文化自信的虔诚向往。王希孟的《千里江山图》，将鼎盛北宋的繁阜光艳，展现得淋漓尽致。我们在天才少年的勾勒皴染中，也在追寻着当代中国梦的闳伟建构。

然而，纵使才华横溢如宋徽宗，聪明睿智如王希孟，济济多士如图画院，当金人的铁蹄恣意南下时，终究抵挡不住腥风膻尘的侵蚀，在狰狞的战争面前，一切都灰飞烟灭。曾经的诗文酬和、裙裾翩跹，兰亭叙雅、梁园次贤，都去了哪里？崇文抑武的北宋，随着宋徽宗、宋钦宗的被掳，只得将身影湮进了滔滔的长河，留下一串串令人捶胸顿足的叹惋。

时代嬗替，再韫风骚。当历史的车轮滚动到21世纪时，中国的“文化强国”工程已远非昔比。在中国共产党的坚强领导下，我国的国防事业取得了长足的发展：第五代战斗机歼—20翱翔天宇，三艘航母威风凛凛、亮剑深蓝，“东风家族”使命必达、令敌胆寒。我们守住了万里海疆，也护住了千古边关，更稳住了亿万民心。

因此，我们这个时代的歌舞，叫四海同春，叫万邦连体，叫千秋圆梦。志在弘扬祖国裔裔文化的炎黄子孙，应当在深入挖掘传统文化精髓的同时，使其与时代的发展要求相结合，对其进行创造性转化与创新性发展，借力锋利威猛的剑戟，实现感人心、化习俗、导至善的价值。如此，文化矩阵才能在中华民族伟大复兴的大方队中，光彩夺目，熠熠生辉。

诗书传道古，剑戟啸云高。

阅读下面的材料，根据要求写作。

韧性，指材料受到使其发生形变的力时对折断的抵抗能力。韧性越好，则发生脆性断裂的可能性越小；反之，则断裂的可能性越大。

以上材料，对我们具有启示意义。请结合材料，写一篇文章，体现你的感悟与思考。

要求：选好角度，确定立意，明确文体，自拟标题；不要套作，不得抄袭；不得泄露个人信息。

写作思路：

材料字数越少，写作主旨越不好把握。材料首先对什么是韧性，作了一个简短的介绍。它首先是一种能力，一种使材料免于被折断的能力。这种材料，受到了使其发生形变的力的作用。这就象征着我们人类自身，当遭遇外界强加过来、想致我们于万劫不复的深渊的力时，具备的抗打击能力。人生海海，不如意之事常十之八九，谁的人生都不会是艳阳高照，总有雷电交加、暴雨如注、霜露遍野的日子。面临这样的灾难，一定要有韧性，才能保证不被击倒。

从人成长的规律来看，如果能遇到一些外力，将我们自身这份“材料”不断地拉扯、变形，就会增强“材料”的韧度。“韧”这种品性，它还有一个特质，就是当外力压到物体，该物体承受的外力越重，它就会反弹得越重。如果物体被压弯不能“反弹”，那就没有韧性了，那就是个坏了性的材料。坏了性的材料成不了器，终其一生，也只是平庸度日，碌碌无为。

这倒有点像传统武术中的太极拳。太极拳懂得化力。当一个外在的重力打过来，太极拳高手巧妙地化开，再以同样的力道打出去，对手已经躺倒在地，大师却毫发无伤。个人需要韧性，民族和国家亦是如此。2019年北京卷的高考作文题“文明的韧性”即需要考生扩展视野，从中华民族两千多年的沉浮跌宕中，去感受这份独属于华夏子孙的“韧”，在岁月长河中提炼出让人回味无穷的文化之韵。“韧”的魅力，值得每一个人深入领略。

天下事理，唯韧能得

东汉许慎在《说文解字·韦部》中如是解释“韧”：“韧，柔而固也。从韦，刃声。”在中国人的性格图谱中，历经岁月的洗礼与生活的加持，“韧”演变为美德的代名词：心怀理想，矢志不渝；心有猛虎，细嗅蔷薇。举凡个人修业、家庭相燮、国家立世，都需要“韧”发挥效用。探赜索微，寻绎真相，可谓是天下事理，唯韧能得。

苏轼在《晁错论》中说：“古之立大事者，不惟有超世之才，亦必有坚忍不拔之志。”观察历史和现实我们发现，那些目标明确、内心坚定的人，往往能够卓荦尘表，秀逸万世，为后人所景仰。苏轼自己就是典型代表。仕途不顺，屡遭贬谪，把功业都镌刻在了“黄州、惠州、儋州”的他，在与奇山丽水的邂逅中，写出了激励无数读者的诗篇。人们读他的诗文，也获得了“天下事理”的启迪。

近代毛泽东主席，土地革命时期落选红四军前委书记，身心疲惫的他罹染疟疾，人生到了最低谷。可他静澄思虑，坚持完善自己的革命理论，终于在党与红军生死攸关之际，让人们看到了他思想的光芒。邓小平同志“三起三落”，愈挫愈坚。他心中坚持的“天下事理”，便是实事求是，在长期的斗争中，他培养了自己敏锐的分析能力和卓越的领导能力。

法国思想家帕斯卡说：“人只是一根芦苇，是世上最脆弱的东西。”我想，只有那些意志疲苶、精神抑郁之人，才会沦落为“最脆弱的东西”。柳宗元赍天赐之才，参与永贞革新失败以后，连续被贬邵州刺史、永州司马和柳州刺史，最终逝于柳州任上，终年 47 岁。写出《老人与海》的海明威，终究提不起硬汉精神，自持猎枪了结生命；以文字清新驰名文坛的三毛，却也自杀而亡，徒留世人无限唏嘘。他们的笔，探究不到“天下事理”的终极。

个人因养“韧”而得、以乏“韧”而失的例子比比皆是，揆之于国家民族的发展历程，此理亦甚为昭彰。世界原有四大古文明，唯我中华文明屹立至今，中国人骨子深处的“韧”劲在抵御外敌入寇、遏阻内部裂变的过程中，起到了重要作用。而今，我国正向星辰大海的目标进发，各类风云变幻，各种风险孳衍，各路魔障叫阵，唯“韧”方可克敌制胜，此乃“天下事理”之正。

新时代的高三学子，置身于百年未有之大变局，挑战与机遇并存。正如诗豪刘禹锡所言：沉舟侧畔千帆过，病树前头万木春。我们要坚定梦想，增强韧性，提高抵抗妄图让我们发生形变的外力的能力，高擎锦绣椽笔，书写青春篇章！

因为，天下事理，唯韧能得！

阅读下面的材料，根据要求写作。

①与其锈掉，不如磨损。 ——英国谚语

②火车一旦缺少前进动力，塞一块一英寸见方的木块在它的几个驱动轮前，它就无法动弹。而当它速度达到160千米/时的时候，能冲破一堵1.5米厚的钢筋混凝土墙。

以上两则材料对我们颇具启示意义。请结合材料，写一篇文章，体现你的感悟与思考。

要求：选好角度，确定立意，明确文体，自拟标题；不要套作，不得抄袭；不得泄露个人信息。

写作思路：

这道作文题有两段材料，字数都不算多。第一段材料是一则英国谚语：与其锈掉，不如磨损。这谚语可能是针对某个物件说的，其实对人也是一样。现在不少青年远离内卷，袖手旁观，挺享受“佛系”“躺平”的生活。殊不知，这种生活跟温水煮青蛙一样，它会慢慢耗蚀你的斗志，使你向生活乖乖地缴械投降。因此，青年人要敢于“磨损”自己，不要怕磨掉身上几块皮，几斤肉。不经历一番风雨，又怎能见七色彩虹？

材料二是说火车这种庞然大物，在它缺乏动力时，一块小小的木头，就会让它瘫痪。人又何尝不是如此？本来青年人大有可为，前程远大，但若自己不想动，不愿动，任凭外在的条件多么优越，也是没有用的——外因要通过内因才能起作用。多么讽刺的现象啊！人的思想不通、灵魂不洁、追求不高，做一天和尚撞一天钟，别人只能干着急。

材料二还有一处地方很关键。火车一旦动起来，当速度达到160千米/时的时候，能冲破一堵1.5米厚的钢筋混凝土墙。这里的“160千米/时”，它是一个临界点，是事物由量变引起质变的标志。经验老到的人会告诉我们，无论学什么技能，都得遵守“1万小时”定律，熬过去了，便会突飞猛进，这与“竹子拔节”是同样的道理。

唯有“磨损”多壮志，敢教巨力破厚墙

生活“内卷”，劣汰优选。前景璀璨，拒绝摆烂。厚墙受挫，巨力冲破。致远行稳，唯有“磨损”。

“磨损”是锋利无比的柴刀，砍平荒山野岭的荆棘榛莽，让你激动于屋舍俨然的桃花源；“磨损”是坚硬无比的钻头，抖落璞石砾岩的渣滓污垢，使你欣喜于纹路烨然的玲珑玉；“磨损”是强韧无比的桨把，划过大海深蓝的惊涛骇浪，令你雀跃于风景幽然的蓬莱岛。

勇于“磨损”，才能婀娜起舞。人们发现，一旦开动便可呼啸山谷、震动平原的火车，若缺少前进动力，一个小木块就会让其无法动弹。苍蝇困大象，庸犬欺猛虎，瓦釜哑金玉，诚可叹哉！那些敢于踢掉小木块的人，才能享受“磨损”的乐趣，让人生的火车满贯动力，驶向美丽的远方。

勤于“磨损”，才能摆脱锈迹。诚如英国谚语所说：与其锈掉，不如磨损。人生于世，没有绝对的公平：有人在深沟，有人住高楼，有人光万丈，有人一身锈。那些跌落社会底层的“孤儿”，怨天尤人并不能等到馒头，摆烂“躺平”更不能盼来面包，只有使自己勤于“磨损”，方可享受鸡腿。

中国科学院大学博士生黄国平，就是令人敬佩的“孤儿”。母亲早亡，父亲嗜酒，家庭布满锈迹，并没有浇灭他求学的热情。无数个夏夜，他下田抓黄鳝，卖了换取学费。凭着顽强的信念，黄国平勤于“磨损”，开动马力冲破了贫穷的“厚墙”。

善于“磨损”，才能厚积薄发。火车开动起来，速度越来越快，当达到 160 千米/时的时候，便势如破竹。在速度没有达到 160 千米/时的阶段，你需要的只是持之以恒，终会水滴石穿，绳锯木断。而可悲者，乃在中途就熄火，望路兴叹，功亏一篑。

科学家贝尔宣布第一部电话机诞生，莱斯对此表示异议。原来，莱斯也研制了一种利用电流进行传声的装置，但它只能单向传声，不能称为电话。贝尔在他的基础上改进技术，才使得电话机得以面世。莱斯离成功只有咫尺之遥，他驾驶火车没有达到 160 千米/时的临界点，便拉起刹车关闭动力，只能眼睁睁地看着贝尔继续“磨损”，驾驶火车越过科学的“厚墙”。

当下，高三的学习已经进入最后的冲刺阶段，有些同学囿于浅陋的观念，被学习中的小木块绊住双脚，无法挪步；有些同学底子薄弱，面对压力开始逃避，不肯放手“磨损”；更有些同学没有对学习持续赋能，重蹈“行百里者半九十”的覆辙，达不到 160 千米/时的临界点，便自暴自弃无法越过前方的“厚墙”，让人徒增感慨。

高考在即，星辰可望。让我们以“唯有‘磨损’多壮志”的才华勇气，交出“敢教巨力破厚墙”的青春答卷！

阅读下面的材料，根据要求写作。

材料一

杨振宁从小聪颖过人，初中时就表现出超常的数学天赋，12岁时，他就提出要学解析几何和微积分，但他的父亲并没有教他，而是请人教他学习《孟子》。对于父亲不教他微积分而教他《孟子》的良苦用心，杨振宁晚年颇为赞叹，认为人文学科对他整个思路有非常重大的影响，能够让他欣赏数学，而不是像其他同事一样对数学采取功利主义的态度。

材料二

2013年，复旦大学医学系研究生林森浩，因琐事投毒杀害室友。被判死刑后，他在遗书中写道："请将我写予你们的书信给我的兄弟姐妹们看看，告诫他们要多读书，开卷有益……"在看守所里，他看了不少人文类的书，比如《复活》《心理控制术》，目的是想通过阅读"让灵魂找到比短暂的生命更长久的东西来寄托"。

对上述材料，你有哪些思考和启发？请结合材料写篇文章，体现你的感受与思考。

要求：选好角度，确定立意，明确文体，自拟标题；不要套作，不得抄袭；不得泄露个人信息。

写作思路：

这是2023高三炎德·英才大联考湖南师大附中月考四作文题，颇有新意。作文材料有两段，分别与物理学家杨振宁、复旦大学迷途大学生林森浩有关。杨振宁家学渊源，其父在育儿方面高瞻远瞩。他用中华儒家典籍《孟子》为杨振宁奠定人文根基，可谓煞费苦心。《三字经》说"孟子者，七篇止；讲道德，说仁义"，可见《孟子》实乃德教文脉之渊薮。

第二则材料是反面例子，让人感慨丛生。林森浩虽为复旦高才生，可缺乏人文滋养，迷失了生命方向，最终走上歧途。当前社会，人心荒漠化、沙碛化，人文经典提供的养分，能够很好地润泽迷失在半道上的"盲人"灵魂。

我寄人文与明月，愿其长照大中华

谈到现代社会在道德领域呈现出来的病症，人们往往喜欢用“人心不古”、“世风日下”进行概括；我虽然对此表示一定程度的认同，但一味地厚古薄今、食古不化，我却是并不敢苟同的。可是，有一点冷酷的现实我们必须要承认：现代技术的迅猛发展，从某种角度看，逐渐荒芜了人心、道德，让人们陷于物质丰富的假象中，无暇独善其身，更遑论兼济天下。

当今社会的许多乱象，表面看是人心堕落，实质是文化稀缺。

那么，到底什么是文化？我们常以“很有文化”来形容一个才情横溢、风度翩翩的知识分子，对其倾注欣赏与仰慕的感情；可“文化”二字在古人字典里的义项，似乎与今人的认知相去较远。文化一词，前提是“有文”，核心是“化育”，以文化俗、导民趋义，方是文化的真谛，也是人文工作者的重要使命。我们自然不能任由道德一直滑坡下去，何不以人为本，回归人文教育？如此，庶乎人文寄明月，长照大中华。

诺贝尔物理学奖得主杨振宁先生回忆，孩提时杨父以《孟子》对其启蒙，《孟子》讲道德、说仁义，夯实了日后使杨振宁取得科研硕果的人文基础；复旦高才生林森浩在狱中痛自反思，劝诫学弟学妹从人文书籍中汲取养分，可谓发人深省；前段时间仙逝的华中科技大学原校长杨叔子，认为国无科技则经战而衰，国无人文却不战而亡。

孔子在《论语·述而》篇中说：“志于道，据于德，依于仁，游于艺。”我们在学校学习的各门课程，只能说还停留在“艺”的层面，要想使个人才学真正发出暖人的光辉，为天下苍生服务，就必须在学习中注入人文营养液，增强自身免疫力，构筑抵御外界物化人心的铜墙铁壁。

司马光说：“才者，德之资也；德者，才之帅也。”作为三观正在塑造中的高中生，我们要善于在各类人文典籍中神交贤人，养我浩然之正气

——效法屈原的心忧黎元，太息掩涕；学习杜甫的致君尧舜，广厦居士；看齐稼轩的以剑为梦，击歌中兴。我们还可以在卢梭毫无保留的《忏悔录》中，获得心灵的宁谧；在梭罗清澄如镜的《瓦尔登湖》中，取得灵魂的救赎；在安妮·埃尔诺的《悠悠岁月》中，悟得平凡的力量。这些，都是人文殿堂中最明丽的一抹色彩。

我将这一颗志在人文的清心，寄予高悬天际的明月，愿其长照中华，可好？

阅读下面的材料，根据要求写作。

2022 年 7 月 17 日，在俄勒冈世界田径锦标赛男子跳远决赛中，王嘉男凭借最后一跳超越对手，以 8 米 36 的成绩成为首位赢得该项目世锦赛冠军的亚洲选手。

在此之前，2016 年里约奥运会，王嘉男位列第五；2017 年伦敦世锦赛，他以 8 米 23 的成绩获得第七名；2019 年多哈世锦赛，他获得第六名；2021 年东京奥运会无缘决赛。如今这枚金牌，既是对他多年来在低谷中咬牙坚持的奖赏，也是对他开启新旅程最好的礼物。

人生有低谷，有巅峰；低谷昂首，巅峰低眉，勇于前行；民族复兴，坎坷不断，精彩常存。

请结合以上材料，写一篇文章，体现你的感受与思考。

要求：选好角度，确定立意，明确文体，自拟标题；不要套作，不得抄袭；不得泄露个人信息。

写作思路：

这道作文题，相对来说还是比较好写的。作文材料以王嘉男不寻常的体育路为引子，指出体育赛事的冠军在成名以前，也不可避免地要熬过许多艰难的日子。王嘉男的成功不是一蹴而就的，他付出了持之以恒的毅力，以超出常人的坚韧，向着目标一步一步地前行，始终没有懈怠过。这样的人获得成功，人们无须惊讶。

对于体育运动员来说，他要拿到象征最高荣誉的奖杯，就必须有向困难发起挑战的勇气。一个国家和民族，在走向复兴的过程中，又何尝不是如此？中华民族曾经站在世界的巅峰，只是在近几百年的历史进程中，落后于西方发达国家。习近平总书记提出 14 亿华夏儿女的伟大梦想就是实现中华民族的伟大复兴，为国人擘画了宏伟的蓝图。但我们要明白，民族复兴不是喊口号喊出来的，前方道路上有各种艰难险阻，各种不确定的危险因素都让我们在奋发昂扬的同时，不得不谨小慎微。但每一个中国人都应当深信不疑，中华民族的伟大复兴，是不可阻挡的客观趋势，我们都是历史的见证者。

笑对人生顺逆，圆梦民族复兴

2022年7月17日，是一个对普通人来说再平凡不过的日子，可对于王嘉男，对于中国体育，对于亚洲跳远，却是一个值得载入史册的日子。8米36，这滚烫的数字不仅让中国小伙毕偿夙愿摘得桂冠，更让亚洲男子的面貌被定格在世锦赛跳远决赛的领奖台。王嘉男举起冠军奖杯的一瞬间，人们似乎读懂了中国式表情的坚毅、刚强、温暖。

从2016年至今，王嘉男的跳远成绩忽高忽低，可他从未气馁，更未放弃，如一名披甲戴胄的士卒，愈战愈勇，在荒寒的阵地中踏出铿锵的步伐，他的每一次前行，都是一首激人奋进的诗。人生海海，跨低谷，立巅峰，不变的是赤诚的初心；民族巍巍，越坎壈，恃雄起，追逐的是瑰丽的梦想。悟此，可笑对人生顺逆，能圆梦民族复兴。

司马迁在《报任安书》中，以悲愤且沉静的笔调抒发了自己对苦难的乐观，对圣贤的歆慕，对信仰的笃定。才高品卓，家学渊源，这样的天才反而命途多舛、惨遭宫刑。无数的黑夜向他袭来，他看到了拘而演周易的文王，厄而传道的孔子，黜而撰离骚的屈原。他选择隐忍，含泪写完《史记》……他的心光，照耀了千古铮铮文士。

人生有顺逆，智者能笑对；国运有沉浮，我辈当黾勉。试翻一部中国近代史，我们不仅能看到黯淡的风云，荼弱的百姓，狠戾的列强，也能看到救亡图存的中华儿女，振臂高呼的民族英雄。我们终究将沼泽阴霾走过，建立了人民共和国。地球上没有任何势力能够阻挡中华民族的伟大崛起，过去是，现在是，将来依然是！

处于百年未有之大变局的青年人，拥有比前人更多的机遇，也面临比先辈更多的挑战。此刻，更当立马擎枪，啸傲风云。有道是，沧海横流，方显英雄本色！前瞻天宇，红日曜煌煌。我辈理当志存高远，踔厉奋发，以登昆仑踏泰山之怀，抒超北海骑鲲鹏之志，笑对人生顺逆，圆梦民族复兴！

阅读下面的材料，根据要求写作。

三人行，必有我师焉。择其善者而从之，其不善者而改之。

——孔子

最勇敢、最有智慧的心灵是最不容易受到外界的干扰和影响而发生改变的。

——柏拉图《理想国》

不要走在我后面，因为我可能不会引路；不要走在我前面，因为我可能不会跟随；请走在我的身边，做我的朋友。

——阿贝尔·加缪（诺贝尔文学奖获得者）

处在集体中的你，在与他人相处时，有怎样的体验与思考？请结合上述三则材料，写一篇文章。

要求：选好角度，确定立意，明确文体，自拟标题；不要套作，不得抄袭；不得泄露个人信息。

写作思路：

这道作文题有难度。但根据材料的提示，写作时应该围绕“个人与集体的关系”这个主旨来具体行文。我们每个人都不是一座孤岛，必然要与周围的环境发生联系。如何定位我们自身与他人的关系，这非常重要。

《论语》中记载了孔子的话：“子曰：三人行，必有我师焉，择其善者而从之，其不善者而改之。”圣人的话启示我们，每一个人的身上都有我们可学的东西，哪怕是恶人，他也能“现身说法”，教育我们应该如何选择正确的生活方式，才能圆满人生。柏拉图的箴言则告诉我们，灵魂独立的可贵。拥有自主思考意识的人，不会人云亦云，不会随波逐流，他会坚定地走自己选择好的路。阿贝尔·加缪的话语，强调与他人同行，共同探索未知的区域。比起愚痴的盲从和无知的引导，大家并排前行，这种方式更有意义。

心朝明月， 春暖花开

纷扰尘世，羁绊万千；沉浮进退，扣人心弦。我们既是独立的个人，又是集体的元素。奥斯特洛夫斯基说过：“谁若与集体脱离，谁的命运就要悲哀。”因此，我们要想实现自我价值，除了涵养德行、修学储能以外，还必须灵活地处理个人与集体的微妙关系。个人与集体，是一个值得深入探索的哲学命题。

善与恒的启示

孔子曰：“三人行，必有我师焉，择其善者而从之，其不善者而改之。”人生海海，美丑纷呈，那些成功的豪杰，失败的凡夫，高贵的权胄，潦倒的囚徒，都让我们警醒自己：守住初心不使昏瞀驰骛，才能永远不失美好。外界的他人，我们可视为花园小径旁的灯盏，当它们愈加繁多明亮时，便可光辉星月。

在 2008 年汶川地震中救出同学的雷楚年，以勇敢与机智“蹿红”全国。后因无法自律，终以诈骗罪被逮捕；江西宜春的易政勇、柳艳兵，在公交车上智斗歹徒、救人性命。他们婉拒高校“特邀”，凭实力考上本科，成为榜样。两相对照，让我们明白：为善以恒，不骄不躁，才能掌控生命的节奏。

朴与勤的感悟

陶渊明云：“不戚戚于贫贱，不汲汲于富贵。”人间喧嚣，灵魂难静。个人在集体中生活，当有独立的思考，不能人云亦云，更不可随波逐流。当今时代，许多青年人急功近利，好高骛远，尤其是学术研究人员，不能沉淀下来，拿出“板凳要坐十年冷”的卓绝毅力，自然不能做出令时代点赞的傲人业绩。

北大数学系助理教授韦东奕，凭着简单的装束、质朴的语言、清澈的眼神走红网络，在学术界风气喧哗虚伪的今天，他的出现，不啻一缕清风。武汉大学博导陈朝吉，小学毕业因贫辍学，差点与屠夫为伍，却以惊人的毅力，自学教材，考取了华中科技大学本科生，他的“逆袭”，让我们看到了坚定信念的重要性。

忠与纯的思考

鲁迅说：“人生得一知己足矣，斯世当以同怀视之。”在漫漫人生路上，面对风雨的洗礼，如果有三两个知心朋友的陪伴，再苦再难的日子，也会过成诗与远方。然而，人性又是十分脆弱的，当面对利益权衡时，曾经的朋友可能会对你落井下石，这就提醒我们在交友时，一定得慎重，唯有擦亮眼睛，才能觅得真金。

历史上的王安石，虽然其新法为人诟病，但品德崇高世皆景仰。吕惠卿投其门下，一时风头无两，可在王安石被贬后又背叛师门，遭人唾弃；苏轼与章惇早年交好，可后来政见迥异，章惇不惜对苏轼“痛下杀手”；在那段苦难的日子里，苏轼知交零落，过从无几，外有陈季常，内有王朝云，相伴终始，堪慰冰心。

个人与集体相辅相成，互为表里。在集体中与他人相处，我们需要从善与恒中总结启示，呵护洁白的初心；我们还需要从朴与勤中升华感悟，守望坚定的信念；我们更需要从忠与纯中提炼思考，珍视灵明的智慧。但愿每一个在集体中真心付出的人，都能够心朝明月，春暖花开！

阅读下面的材料，根据要求写作。

古人常以比喻说明对理想的追求，涉及基础、方法、路径、目标及其关系等。如汉代扬雄就曾以射箭为喻，他说："修身以为弓，矫思以为矢，立义以为的，奠而后发，发必中矣。"大意是，只要不断加强修养，端正思想，并将"义"作为确定的目标，再付诸行动，就能实现理想。

上述材料能给追求理想的当代青年以启示，请结合你对自身发展的思考写一篇文章。

要求：自选角度，明确文体，自拟标题；不要套作，不得抄袭；不得泄露个人信息。

写作思路：

这是2021年全国乙卷的作文真题。这道作文题并不难，虽然材料引用的是汉代扬雄的名言，但在材料中也给出了白话文的解释。至少从内容理解层面来说，不会对考生造成多大的阻碍。命题人响应国家提倡的弘扬传统文化的号召，使得该题具有浓厚的传统文化韵味。命题专家力图通过高考作文，让考生加深对"立德树人"的理解。

扬雄的比喻是非常形象的。他把青年人追求理想的过程，比作拉弓射箭并命中靶心的过程，有利于青年人修养自身，矫正目标，实现理想。射箭首先要有良弓，材质要好，若质量不佳，则射程不远。这就告诉青年人，"打铁还须自身硬"，真正有了过硬的本领，才能行稳致远。矫思以为矢，是说青年人要加强个人的思想道德学习，通俗地说，就是"三观"得正。"三观"不正，选择的方向就会有偏差。

立义以为的，这句话很关键。"义"者宜也，即合适的就是"义"。但对于当代青年人来说，怎么行动才合适？我觉得，应该让个人的奋斗与国家、社会同向同行，这样才更有意义。奠，指确定，规定，意思是说选好了合"义"的目标，在这个大放异彩的时代，只要坚持付出，一定会收获惊喜。我们常说，选择比努力更重要，但选择对了以后，还是得不断地努力，只有这样才会叩开成功的大门。

修身进德， 不负时代

《大学》有言：自天子以至于庶人，壹是皆以修身为本。修身进德，古今一也。由是观之，贩夫走卒，学士才子，将帅宰丞，帝王至尊，泯灭无闻者，何也？修身阙如故鲜德也；为人仰慕者，何也？修身润如故盛德也！汉季扬雄曰："修身以为弓，矫思以为矢，立义以为的，奠而后发，发必中矣。"譬之于今日青年，欲实现理想，拓宽生命，升华意义，亦可遵由斯径也。

修身为弓，弓劲则雄。毛泽东青年风华，值遇恩师板仓硕儒，谕以"修学储能"四字，可谓至矣。故能化名二十八画生，交挚友，赏雄文，观奇景，得天地大雅，会乾坤精义。修身者，一曰汲知识，二曰树志向，三曰砥道义，三者鼎立，缺一则废。欲修身者，则须博学之，审问之，慎思之，明辨之，笃行之。验之史册，代有其人。然臻此境界，仅为初入门室，欲窥壸奥，尚须提澌切磋。何也？人有微运，国有大势，个人之主义、理想，须契合于社会洪流，方能策马扬鞭，建立功业。

矫思为矢，不忘初志。俗言，江山不幸诗家幸，其语铮铮，如扣金玉然。宋之东坡先生，怀不世之才，赍育民之情，拥逐日之心，为仁宗之钦点材栋。安石变法，国体动荡。东坡先生每据理上书，言法之不可行，于是新党衔恨之。乌台诗案，被贬黄州。先生醉心山水之间，放浪形骸之外，友麋鹿而侣鱼虾，饮渔父而觞樵民，览佛释之大概，探日月之密赜。逍遥于扁舟，俯仰于诗词。东坡之文、之诗、之画，历黄州而始开阔焉。不唯是也，东坡专志理政，抚息民人，兴学向义，后人颂焉。若其蹶踣不振，抑郁侘傺，安能飞翰墨于文海，吐金句于辞薮乎？

立义为的，至终弗替。义者，宜也。公也，善也，学也，若一切之不为己者，皆可目之为义。今之巾帼黄文秀，北师大研究生，德艺双馨，若执文凭立于首都，非为难事；然其度形势，下身姿，亲农人，始也效力于脱贫攻坚，终也勒功于时代丰碑。小村僻壤，民不开化，交通闭塞，欲导以小康，戛戛乎其难耳。黄文秀不惧险阻，念兹在兹，以义为马，奋勇前行，后人慕之，不亦宜乎？

奠而后发，行如明月。奠者，定也。既已立的，则须固定，以期发矢，必有所获。比之追梦，犹若综合考察，理智思维，非一时意兴之豪言壮语也。时代楷模张桂梅，系根大山，兴举义学，初亦非不知其艰巨，终克成济，以其能奠而后发，故而心之所念，山海皆平。吾辈效之，当悟斯旨。

已矣乎！吾辈今日欣逢盛世，当各自发力，深研科学，培育道德，同频国家，衬映时代，托举社会。舍功利之小我，就公义之大我，方为有为青年，方筑大美中国！

阅读下面的材料，根据要求写作。

材料一

为响应国家双减政策，新东方进行业务转型调整。11月初，董事长俞敏洪表示，将退租1500个教学点，为农村孩子捐献近八万套新课桌椅；不久后又宣布，新东方将成立大型农业平台，通过直播带货帮助农产品销售，振兴乡村经济。

材料二

2020年新冠疫情肆虐，疫情防控物资紧缺，汽车民企比亚迪公司响应号召，迅速转产，进入一个自己完全陌生的生产领域，公司创始人王传福集结3000多位工程师，亲自带队盯生产线，不到两周，比亚迪生产的防疫物资开始大批量进入防疫一线。

材料三

1931年，钱伟长以物理5分、中文和历史两个100分的成绩考入清华大学历史系。同年爆发“九一八”事变，钱伟长认识到中国科技水平落后，不能研发高科技武器，毅然决定转系进入物理系。后来留学回国，在火箭等领域为国家作出了伟大贡献。

上述材料引发了你怎样的感触与思考？请结合材料写一篇文章。

要求：自选角度，明确文体，自拟标题；不要套作，不得抄袭；不得泄露个人信息。

写作思路：

这道作文题看似简单，但是命题人在这里设置了立意陷阱。三段材料的主人公俞敏洪、王传福以及钱伟长，均是拥有较高社会地位的公众人物，根据材料交代的先进事迹，考生若只是写他们三人的爱国情怀，不能算偏题，但算不上最精准的切题。

深入分析你会发现，这三个人有个共同特征，那就是“跨界”。俞敏洪从线下培训到线上直播带货，助农销售；王传福从汽车生产到防疫物资的生产；钱伟长从自己擅长的文史领域到初始学习相当吃力的物理系——他们勇敢地跨界，光芒温暖世人。

一片冰心图报国，不辞跨界放微光

中华民族上下五千年，无数的仁人志士心存家国，情系苍生，他们为效劳社稷鞠躬尽瘁，既谋其事，复抒其性，便凝结为文理俱佳的歌阕。它们像天上的浩瀚星辰一样，岁月愈磨洗，感情愈沉挚，放出暖人的光亮，照耀后人坚毅前行。

从屈原的“亦余心之所善兮，虽九死其犹未悔”，到杜甫的“安得广厦千万间，大庇天下寒士俱欢颜”；从韩愈的“欲为圣明除弊事，肯将衰朽惜残年”，到于谦的“一寸丹心图报国，两行清泪为思亲”……一代又一代的古圣先贤，以自己的高尚人格与卓越事迹，告诉世人一个真理：人唯爱国，顺应时变，才能超凡脱俗，清然物表。

国家要发展，政策有调整，形势当革新，必然会触及一些人的原有利益。与其消极埋怨甚至顽固对抗，不如转变观念，响应号召，投身到国家宏观调控的大潮流中去。于此，俞敏洪算是很有风度的人。新东方作为国内极负盛名的培训机构，当“双减”教育改革“大锤”落下的时候，校外培训机构的黄金时代已经一去不复返了。俞敏洪舍小我全大我，退租了1500个教学点，将八万套新课桌悉数捐出，彰显了大型教培机构负责人的大格局。

然而，个人、团队将自己的才华与资源奉献出来，让社会共享，固然是爱国情怀的体现，那些克服障碍中途跨界，急时所盼矢志报国的英雄，更值得我们歌颂与效法。

回首近现代，在民族内忧外患、国家生死存亡的关头，一些前辈痛心民瘼益自发奋，跨界修业使人动容。鲁迅本愿学医以瘳国民病体，可为了治愈国人麻木的灵魂，毅然以笔为刀；为使祖国掌握核心科技，王承书毅然跨界——研究领域从气体动力学转到核热聚变反应，不惜一切从零开始；被誉为中国近代力学之父的钱伟长，考入清华时物理仅得 5 分。为了国家不受欺凌，他毅然从历史系转到物理系，攻克万难，终有所成。

不管是响应教育政策改革，还是助力防疫物资生产，俞敏洪与王传福都向不断变化的时代，交出了一份满意的答卷。“双减”势在必行，乡村振兴有望。俞敏洪带领他的团队，从教学跨界网络直播带货，助力乡村振兴，其勇气让人钦佩；疫情初至，凶猛无比，王传福以精诚之志绾聚人心，从汽车生产跨界防疫物资生产，为稳定人心、阻击病毒传播作出杰出贡献，其胆魄令人服膺。

文天祥说：“人生自古谁无死，留取丹心照汗青。”于谦还说：“但愿苍生俱饱暖，不辞辛苦出山林。”且让我们精心呵护这一颗可以照亮万里山河的丹心，志念苍生，与时俱进，黾勉砥砺，不断突破瓶颈，敢于跨界挑战，只要国家需要，随时能够空杯清零，从头再来。

只为一句：一片冰心图报国，不辞跨界放微光！

阅读下面的材料，根据要求写作。

中国画的墨线本身就具有一种独特的美学价值。宋代韩纯全在《山水纯全集》中说：“用笔有三病：一曰板；二曰刻；三曰结。”所谓“板”，是说没有腕力，用笔不灵活，画出来的笔线平扁，没有圆浑的立体感；所谓“刻”，是说笔画过于显露，甚至妄生圭角，不自然、没有生气；所谓“结”，是说落笔僵滞，欲行不行，当散不散，笔线不流畅。用笔犯了这三个毛病，就谈不上线条的美感。因此要克服笔病，一要增强腕力，做到“笔为我使”；二要顺应自然，不矫揉造作；三要在行笔之前做到“胸有成竹”。

以上材料对我们颇具启示意义。请结合材料写一篇文章，体现你的感悟与思考。

要求：结合材料，选好角度，确定立意，明确文体，自拟标题；不要套作，不得抄袭；不得泄露个人信息。

写作思路：

韩纯全在《山水纯全集》中提到的三种握笔作画的弊端，正确理解它们的内涵，是写好这篇文章的关键。

第一是“板”。“板”是没有腕力造成的。这启示我们要增强自己的“功力”，只有功夫老到，才会在做事情的时候圆润灵转，表现得游刃有余。这里的“功力”不是指圆滑世故，投机钻营那一套。俗话说，你只有用尽全力，才能看起来毫不费力，与此有异曲同工之妙。

第二是“刻”。“刻”在绘画领域的表现是笔画过于显露，妄生圭角。圭角本义是圭的棱角，这里引申为锋芒。不自然、没有生气是指画面没有生机，死气沉沉。如果移用到做人方面，是指一个人过于注重外界的评价，害怕“孤独”，强行合群，反而失了率真。

第三是“结”。造成“结”的原因是落笔以前，没有提前在头脑里规划好如何作画，导致章法凌乱不堪，自然影响画作的质量。这提醒我们凡事得有计划。青年人对学业、事业，应当有周详的策划，才不会慌乱处世，徒遭乖舛。

赠君三滴墨， 笔绘万江春

宋代韩纯全在《山水纯全集》中，针对中国画的置意、运笔提出了自己的独到见解；为使后人领略画法精要，还告诫丹青爱好者当力图规避“板”、“刻”、“结”这三大弊病，可谓大家气度，用心良苦。总概韩氏所言，当增强腕力以克“板”，顺应天性以伏“刻”，谋断机先以攻“结”。

其实，蕴含在中国画用笔技巧中的哲理，给予我们为人处世、修身立业很深的启迪。增强腕力寓意只有提高本领，夯实内功，方能使我们驱遣才情，实现梦想，而不是为物所使；顺应天性，提醒我们要固守本真，呵护良知，不刻意逢迎环境、阿谀他人；谋断机先，要求我们建立全局思维，提前规划人生。象此三句箴，譬为三滴墨。赠予君子，走笔洒脱，翰墨生香，锦绣春浓。

一滴墨，雄才圆梦。人生世间，近则养家糊口，远至报效家国，都离不开真才实学。一个有雄才大略的人，才能赢得社会的尊重。近两年，北大数院“扫地僧”韦东奕走红网络。由于他年纪轻轻便在数学竞赛领域屡次斩获大奖，网友们亲切地称他为“韦神”。韦东奕展现给大众的形象，是不修边幅、长相普通、生活简朴的另类高人，与标榜“人类高质量男性”的油腻男们截然不同。在这个时代，韦东奕以顶级的硬实力，诠释了什么是风流倜傥、物为我使的真正内涵。有追求的年轻人当如斯学。

二滴墨，率真全性。俗语云：传家有道唯存厚，处世无奇但率真。功名世界，灯红酒绿，多少人迷失了自我，在潮起潮落中沦为烟尘。古代的东施本为丑女，奈何欲效颦西施，其形貌虽偶得，然风骨早丧矣，为天下人耻笑。古有田园筑梦的陶潜，放浪山水的李白，纵情桃花的唐寅；今有铁骨铮铮的周树人，独立卓荦的陈寅恪，悬壶求真的张文宏。不媚俗，不造作，得天性，得纯真。有骨气的年轻人当如斯学。

三滴墨，夙谋成业。《中庸》云：“凡事预则立，不预则废。”《论语》中孔子也说：“人无远虑，必有近忧。”心学大师王阳明强调：“志不立，则天下无可成之事也。”青年人值逢盛世，且置身于百年未有之大变局，机遇与挑战并存，若不能趁早树立志向，经岁月的磨洗、名利的熏染、形体的衰颓，早就发不出“凭谁问，廉颇老矣，尚能饭否”的慨叹。苏东坡天纵英才，早年决意认完天下字，发心读遍世间书，终成一代文豪；少年毛泽东立下“埋骨何须桑梓地，人生无处不青山”的大志，让他缔造了新中国；在闲暇时写作投稿，想让自己的科幻作品被印成铅字的刘慈欣，终于凭《三体》蜚声文坛，享誉世界。有志向的年轻人当如斯学。

这第一滴墨，让你悬腕自如，秉笔遒劲；第二滴墨，让你笔映清心，意境澄明；第三滴墨，让你高屋建瓴，意在笔先。如此三墨以入丹青，绘一帘梦千里香万江春。

阅读下面一段材料，按照要求写作。

明代思想家、教育家、军事家、哲学家王阳明曾说："破山中贼易，破心中贼难。"意思是带兵打仗，剿灭山贼容易，但心中贼却时刻占据我们的心灵，与我们不停地争斗，难以破除。

上述材料能给追求理想的你带来哪些启示？请结合自身发展和思考写一篇文章。

要求：选准角度，确定立意，明确文体，自拟标题；不要套作，不得抄袭；不得泄露个人信息。

写作思路：

这篇作文材料引用我国明代著名心学大师王阳明的言论"破山中贼易，破心中贼难"，旨在说明去除心理障碍在人们通往成功的道路上，具有的至关重要的作用。人的心思是极其复杂多变的，古人讲"画虎画皮难画骨，知人知面不知心"，这是从第三方认识的维度，提到了人心的不可测度，具有贬义色彩；纳兰氏却说，"等闲变却故人心，却道故人心易变"，从恋人移情别恋的角度，深刻阐述了人心的不可倚仗……

现代生活节奏变快，人们都渴望快速获得成功，但当理想与现实有了矛盾的时候，就会产生一系列不良的心绪，如诅咒、嫉妒、讽刺、愤恨、抑郁、傲慢、躺平……

具体写作时，要紧扣这三种情绪的产生、特点、破除方法，设计大纲。焦虑是不自信的表现，或是对某个东西过于执着；欲望过重是贪念所致，不懂得适时舍弃；犹豫则是由于畏首畏尾，害怕失败，不敢尝试的心理作祟。尤其要注意，材料中有"结合自身发展与思考"的写作要求，以一个高三学生的经历，对王阳明的这段说法提出精到的见解，切忌"掉书袋"，才是合格的习作。

制伏心中贼寇，书成笔底篇章

王阳明说：“破山中贼易，破心中贼难。”那些久驻于心的“贼寇”，是贪婪，是猜忌，是嫉妒；是悲伤，是诅咒，是愤恨……个中最狡黠者，当属焦虑、欲望、犹豫，此三“匪首”，递相交通，私为邪慝，英俊勇士当铸静气为利剑，冶舍德为宝刀，淬历练为弓矢，以枭贼首，用靖沴氛，方可制伏心中贼寇，书成笔底篇章。

铸静气为利剑，斩破焦虑。我们忧愁焦虑，缘于对外界境象的误判，缘于担心事态失控的负面影响，缘于缺乏从复杂物象中抽丝剥茧的能力。然而，越是忧心千结，越是于事无补。当真正安静的时候，就会得到惊喜。只有达到极致的安静，方能擦亮眼睛，寻找到走出焦虑森林的道路。

我曾经在高二分科的时候，整整半个月辗转难眠，我发愁“史生地”组合不好就业，害怕学不好生物，忧虑自然地理的天体运行章节太深奥，担心历史选择题模棱两可。后来与老师深入交流，我让自己静下来，用一周时间反复问自己，终于理清了人生方向。我恍然大悟：咬定目标才能行稳致远！

冶舍德为宝刀，斫断欲望。《道德经》有言：“圣人不积，既以为人己愈有，既以与人己愈多。”滚滚红尘，欲望就如一把枷锁，锁住了几多俊杰傲岸的身躯。君不见，汉成帝沉湎女色，终落得身死业废；君可见，王熙凤机关算尽，反算了卿卿性命；君应见，王均瑶拓殖商贾，仅赢得英年早逝。

智斗欲望，才能成就更优秀的自己。高二寒假，为补数学，我报了网课。头一周，我还能跟上老师的节奏，但越到后来，我发现自己对手机愈加迷恋。第 20 天时，我试做一张试卷，结果惨不忍睹！我狠心让自己不碰手机，在电脑上学习；头 3 天特难熬，熬过去却晴空万里，现在数学也赶上来了。

淬历练为弓矢，攻克犹豫。人们喜欢用“思想的巨人，行动的矮子”来形容一个人只停留在空想阶段，不敢付诸实践，所以得不到进步。陆游写诗说：“纸上得来终觉浅，绝知此事要躬行。”毛主席也有名言：“没有调查，没有发言权。”古往今来很多实例也证明，只有实干，才能靠近梦想。

放手去干，就得了。语文老师曾布置作业：写一篇有关家风家训的作文，要求必须翻阅族谱原文资料。我觉得太难：族谱从没见过。写吧，浪费时间，质量肯定不高；不写呢，又对不起老师。后来我豁出去了，在父亲的帮助下，我竟然读懂了族谱，知道了不少优秀家训。投稿试试，却意外得了一等奖。我志在生物考古学，这次小成功，也坚定了我对学业的信心。

雄关漫道真如铁，而今迈步从步越。古希腊哲学家苏格拉底也有一句名言：“认识你自己。”人生最困难的事情是认识自己，告诉世人在通往成功的途中，那个最大的路障，也许往往就是我们自己内心的“盗贼”。让我们铸静气为利剑，冶舍德为宝刀，淬历练为弓矢，在人生旅途中制伏心中贼寇，书成笔底篇章！

阅读下面的材料，根据要求写作。

著名作家梁晓声说：“我是可以写出畅销书的，我写了这么长时间，太知道加入什么元素、怎么操作就会畅销了，但我不愿意这么干。”他无意把自己定位成一个畅销书作家，他说，如果自己写一本书，少男少女都抢着读，那必然很滑稽。

歌手王小莉说：“不迎合歌迷就不能出名，不迎合歌迷就无法打开市场，我唱歌就是唱给他们的，不必坚持自我，歌迷们喜欢就是成功。”

以上材料引发了你怎样的思考和感悟？请写一篇文章，阐述你的看法。

要求：选准角度，确定立意，明确文体，自拟标题；不要套作，不得抄袭；不得泄露个人信息。

写作思路：

梁晓声和王小莉，一为作家，一为歌手，都是文艺工作者。他们二人对待文艺的态度大相径庭，却给予我们良多启发。梁晓声坚持遵照文学的本义创作，不愿意为获得销量而改变写作思路。在市场经济条件下，销路好并不能跟书的质量好画等号。梁晓声是“孤独”的，但这种“孤独”也成就了他。

著名作家余华说，写作离不开大量的阅读，最根本的还是要阅读文学经典。那种几百年，甚至上千年才出一本的书，经历了时间的磨洗，是大浪淘沙以后的作品，里面蕴藏的哲理，值得每个人终身品读。经典是常读常新的，作为作家，要力争把自己的作品写出高度。当然，如果市场销量与作品质量能够兼顾，这是再好不过的。

王小莉的表态，并不就是错误的。她为了生存，主动迎合大众的喜好，演唱一些并不“高雅”的歌曲，不能成为考生鞭挞她的理由。从古到今，“曲高”的命运似乎都相同——“和寡”。若文艺工作者在今天这个时代不用为生计发愁，不妨捧读经典，在写作上效法“梁晓声”；不然，走“王小莉”式的道路，迂回成功未为不可。

致敬孤勇者

最近，陈奕迅的一首《孤勇者》走红网络，获得了许多歌迷的喜爱。歌词中有几句振聋发聩的宣言：“爱你孤身走暗巷，爱你不跪的模样，爱你对峙过绝望……”简单纯朴的文字，却蕴藏着极强的力量，刻画出孤勇者刚毅果敢、不屈奋斗的形象，昭示着一种襟怀皎洁、高蹈尘俗的信仰。

在文艺创作中，便需要这样的孤勇者，唯有坚守初心，不媚市场，才能文曜星辰，理慰人心。

诚如梁晓声所言，他并非不谙写作畅销书的门道，可如果仅为了使自己的书籍登上畅销书榜单，还不如搁笔不写。梁晓声的态度，让大众看到了一位良心作家对文学圣地的坚守，在这个严肃文学日渐式微的年代，抚慰着仍然膜拜真文艺的读者的心灵。文学来源于生活，同时又高于生活，文字的光亮要从空中俯射下来，投至地面的人，方能让人不时昂起头颅，记住人这个物种的高贵。如果这光束对世人平射，或是仰射，既无益于文字本身，更无益于人文精神的重建。

古有司马迁胸韫“究天人之际，通古今之变”的伟大梦想，忍奇辱，访名山，探幽迹，历时十三年，凭一己之力完成享誉“史家之绝唱，无韵之离骚”的《史记》，也有曹雪芹“披阅十载，增删五次”，从“荒唐言”与“辛酸泪”中悟出世道至理，方写就巨著《红楼梦》；今有路遥翻看资料不惜磨损指纹，沉潜六年终为文坛贡献《平凡的世界》；也有姜戎扎根草原，与狼共舞，“三十年磨一剑”写出了传世精品《狼图腾》。

这些作家，都是艰苦跋涉在文化戈壁，前往文学殿堂的孤勇者。他们高举文学旗帜，传播真善美慧，以倍于常人的毅力、学力、才力，使读者向孤勇者致敬。

但是，身在旅程中的孤勇者，没有必要一直目不转睛地盯着前方的路；留心周围的鸟鸣虫唱，月华溪瀑，甚至是杂草丛稗，乱石雾瘴，也许会更加坚定脚步。

王小莉对文艺的认知，从某种程度上说也未必没有它的道理。毕竟，市场经济催生的主动迎合读者喜好的文艺作品，多的是杂草丛稗和乱石雾瘴，但偶尔也有可贵的鸟鸣虫唱，月华溪瀑。从文艺作品需接受检验这个角度来看，市场的规律、受众的需求，可以经由孤勇者加工转化，为下一场的漫长旅程赋能。

只是别忘了，那些簇拥在路边手捧鲜花、满脸堆笑的粉丝们，极有可能招呼孤勇者停步憩息，投喂以奶茶果脯，便将其引到初入宽敞、愈进愈窄甚至须臾即尽的小道，而那高耸插云的文艺殿堂，从此便只能隐没于伪“孤勇者”的梦境中了。

真“孤勇者”，扭头接了奶茶果脯，便头也不回地向前跑去。因为他始终明白，到了远方的文艺殿堂，才会文曜星辰，理慰人心。

阅读下面的材料，根据要求写作。

在“今天，我们要做怎样的青年”主题班会上，老师提出的问题让你陷入沉思：为什么许多青年有了一点成绩便自高自大，遇到一点困难又习惯性“躺平”？如何才能摆脱纠结，奋勇前行？

那段时间你正好在读朱光潜先生写的《谈谦虚》，你对其中一段话印象深刻：“在见道者的高瞻远瞩中，‘我’可以缩到无限小，也可以放到无限大。在把‘我’放到无限大时，他们见出人性的尊严；在把‘我’缩到无限小时，他们见出人性在自己身上所实现的仍非常渺小……意识到人性的尊严而自尊，意识到自我的渺小而自谦，自尊与自谦合一，于是法天行健，自强不息。”

你从朱光潜先生的谆谆教诲中找到了答案，举手要求发言，请据此写一篇文章。

要求：选准角度，确定立意，明确文体，自拟标题；不要套作，不得抄袭；不得泄露个人信息。

写作思路：

首先要明确，这篇作文的体裁是发言稿，因此要写成演讲稿的格式。如果格式不对，作文肯定会被扣分。现在高考会考到的体裁有议论文、记叙文、演讲稿、信件、主持词、辩论稿等。考生应该加强对这些文体的了解，让自己在考试时可以游刃有余。

其次要清楚，这篇发言稿的中心议题是什么。根据材料所录，这次班会要大家来讨论一个问题：“为什么年轻人稍有成绩就沾沾自喜；一遇困难又裹足不前甚至‘佛系’‘躺平’?”根据朱光潜先生《谈谦虚》的内容，可以从两个方面思考让问题得到解决，至少是缓解。

一是将“我”放到无限大，那么很多大事都可以做成，这就树立了自信、自尊；二是把“我”缩到无限小，又见出自己的能力比较薄弱，于是便不敢放肆，变得虚怀若谷，自谦自牧。对于青年人来说，这两种态度不可偏废，只有将两者有机结合，才是青年人的模样。

彬彬君子，谦尊自牧

尊敬的老师、亲爱的同学们：

大家上午好！我今天发言的题目是：彬彬君子，谦尊自牧。刚才班主任谈到了当代青年在求学立业的过程中，出现的一些问题。坦白说，我自己身上也存在过这些问题，曾一度使我非常苦恼。后来，我有幸读到朱光潜先生的文章《谈谦虚》，里面提出的观点独到深刻，可以拿来疗治阻挠青年人进步的骄傲、自负、浮躁、懈怠、激进等负面情绪。朱先生的这个观点，我总结为“彬彬君子，谦尊自牧”。

以自谦之心，穷深邃之理。在古希腊有一座神庙，庙里的神祇认定世界上最聪明的人是哲学家苏格拉底。但苏格拉底却说：“我唯一知道的事，就是我什么也不知道。”以苏格拉底的博学，尚且自谦地认为还有许多领域自己无法探知，青年人又怎么能够稍有成就，便画地为牢、狂放自负了呢？晚年毛泽东卧身书房，如饥似渴地学习知识。据杨振宁先生回忆，每次会见毛主席，都使他异常震惊：毛主席日理万机，假以遐龄，却还自谦地研读高阶物理学的书籍，令人肃然起敬。我们青年正应效仿先贤，以自谦之心，穷深邃之理。

以自尊之志，建彪炳之业。莎士比亚在《哈姆莱特》中歌颂人的秉性：“人是何等的杰作，多么高贵的理性！多么伟大的力量！”在改造自然、创造财富的过程中，人类正因认识到了自己的智慧，从而立自尊，树远志，缔大业。我国核武器的研制，亦由于维护国家尊严，树立民族威望。今天，我辈青年恰遇百年未有之大变局，还应踵武先驱，以自尊之志，建彪炳之业。

以自牧之怀，修中和之身。弃自大之姿态，树自尊之典型，其实皆是修身蓄德，以臻中和。《大学》云：“自天子以至于庶人，壹是皆以修身为本。”可见，自古迄今，从上而下，人要想有所成就，均离不开修身。曾子曰：“吾日三省吾身：为人谋而不忠乎？与朋友交而不信乎？传不习乎？”我辈青年更应绍绪先哲，以自牧之怀，修中和之身。唯有使自己不断“清零”，永处“学位”，怀着对广袤知识海洋的敬畏，驾驶船舰，掌稳舵把，张举自谦之帆，悬挂自尊之灯，循沿自牧之流，方能寻觅到真理的殿堂。

老师们、同学们，今天，我们赶上了一个千古难遇的宏伟时代，有志青年正阔步走在新长征的路上，背上诗歌的行囊出发，远方是星辰大海。让我们以自谦律己，以自尊励己，以自牧省己，务实笃毅，坚韧不屈，胸怀家国，服务苍生，交出一份不负青春、不负时代的答卷！

我的发言到此结束，谢谢大家！

阅读下面的材料，根据要求写作。

第十六届残奥会开幕，“我们拥有翅膀”的开幕式理念令人感动。命运没有给这些人健全的身躯，却依旧通过体育，为心怀梦想的残疾人运动员打开了一扇通往广阔世界的大门。东京残奥会如火如荼，赛场上中国运动员奋力拼搏、挑战极限、超越自我，用呐喊奏响生命的赞歌。

上述材料给了你什么样的思考与感悟？请结合材料，写一篇文章。

要求：选准角度，确定立意，明确文体，自拟标题；不要套作，不得抄袭；不得泄露个人信息。

写作思路：

提到残疾人，我们很少不去悲悯他们。身体残疾不是他们本身的错，是残酷的命运向他们开的玩笑。有些人是先天残疾，有些人是后天残疾，但不管怎样，他们与正常人一样，都拥有享受生活、追求幸福的权利。

一些身残志坚的残疾人，让我们肃然起敬。他们不仅顽强地与命运作斗争，而且克服了埋怨与自卑的情绪，变得愈加坚强。他们的乐观心态，有时候甚至比身体健全的人还要使人鼓舞。这样的例子太多了，张海迪、陆鸿、陈州、尼克·胡哲，海伦·凯勒……

史铁生在《我与地坛》中写下这样的文字：“要是没有了残疾，健全会否因其司空见惯而变得腻烦和乏味呢？我常梦想着在人间彻底消灭残疾，但可以相信，那时将由患病者代替残疾人去承受同样的苦难。”于是，这个常年坐在轮椅上的人，以惊人的毅力写作，终于成为中国文坛一颗耀眼的明星。

于是我们得到启发。我们想，既然那些身体残疾的人尚且如此勇敢，身体健全的人对此能无愧怍吗？自暴自弃者、怨天尤人者、夤缘攀附者，都将在那些可以称为伟岸的残疾人形象前，变得苍白失色。去苏醒吧！去飞翔吧！去斗争吧！文章若如是构思下笔，配以恰当的文采，运用合适的素材，将会熠熠生辉。

致敬英雄，崇敬生命

“世界以痛吻我，我要报之以歌”，这是困顿于人生泥淖中的人们，感悟出的暖心金句；“沉舟侧畔千帆过，病树前头万木春”，这是陷落于命运深渊中的人们，呐喊出的诚心诗句；“白日不到处，青春恰自来。苔花如米小，也学牡丹开”，这是偃伏于梦想荒漠中的人们，吟咏出的热心词句。这些人，都是洗礼灵魂的英雄。罗曼·罗兰曾说，世上只有一种英雄主义，就是如实地看待世界和热爱世界。

身体健全，心智清明，这些多数人都视而不见的财富，却是另一类人群求之不得的奢望。他们生来就仿佛中了命运的诅咒——身体残缺，相貌丑陋，表达不畅，智力障碍，似乎阳光永远照不到他们生活的角落。然而，他们却永不屈服，奋力向上，打破牢笼，戴镣起舞，向世人诠释了英雄的另一层内涵。让我们致敬英雄，崇敬生命！

身残击剑，他传唱出响彻奥运会场的壮歌。2022 年 8 月 25 日，在举办于东京的第 16 届残奥会上，中国击剑选手李豪，击败世界名将阿尔乔姆·曼科，赢得了冠军，这也是他为中国残奥队贡献的首金。这位 1994 年出生，来自四川华蓥市明月镇的小伙子，在他两岁时不幸遭遇车祸，被迫截肢以后，其人生便迎来寒冷的冬天。但李豪天性喜欢运动，他报名了游泳训练。但在 2014 年评级时，却意外落选。好在一名击剑教练发现了他，让他转学击剑，才开启了他另一段精彩的运动生涯。致敬李豪，启发我们于冬眠中苏醒，才会闻到春季百花的芬芳。

身残啃书，他书写出闪耀学术领域的篇章。2021 年 6 月，苏州大学计算机科学与技术学院，迎来了一位特殊的博士毕业生，他是一位脑瘫患者，却凭着倔强的意志，一路过关斩将，登顶学术巅峰，成为该院创办以来首位获得博士学位的残障人士。他，就是李麟青。1 岁的时候，他罹患脑瘫。由于脑受损，导致身体失衡、肌张力异常。由于只有3根手指可以活动，李麟青为了赶上同学，每天不停地练字、刷题，在父母的陪伴下阅读大量的书籍，这也为他的学业奠定了坚固、厚实的基础。读博期间，他还研发了专为残疾人服务的无障碍地图。致敬李麟青，启示我们于漩涡中挺进，才会见到知识海洋的辽阔。

身残经商，他创造出惊艳商贾王国的财富。2015年5月，一位说话结巴、吐词不清的残疾人登上安徽卫视《超级演说家》的舞台，向全国成千上万的观众，讲述着他自己的奋斗故事。他以一篇《不抱怨，靠自己》的演讲，赢得了评委老师和观场观众的热烈掌声。他就是中国电商界的旗袍品牌传奇崔万志。由于出生时脐带绕颈造成脑部缺氧以致成长时行动不便，崔万志被命运扼住了喉咙。他年轻时摆过地摊，开过书店，却始终挣脱不了命运的大手，竟负债400万。但他抓住互联网电商的机遇，进军旗袍领域，带领更多残疾人顽强拼搏，终使企业获得成功。致敬崔万志，启迪我们于云雾中笃定，才能听到钧天广乐的曼妙。

若有人问，这世间我最敬佩的英雄是谁？我会毫不犹豫地告诉他，能于人生的泥淖、命运的深渊、梦想的荒漠中不失信念、昂首挺胸、铿锵脚步的人，他们手执戈戟，刺破冷郁的阴霾，在黑暗的罅隙中掬捧阳光，让自己成长为绝壁陡崖上的青松，苍劲的根须在石面上盘结为潇洒的“人”字，这样的人，便是天底下最值得仰慕的英雄！

致敬英雄，崇敬生命！

阅读下面的材料，根据要求写作。

材料一：

20世纪50年代，毛泽东发出“一定要消灭血吸虫病”的号召，亲自领导和部署消灭血吸虫病的斗争，并取得了重大胜利，解除了几千年来血吸虫病给中华民族生存与发展所带来的危害。

材料二：

当前，我国面临多重疾病危胁并存、多种健康影响因素交织的复杂局面。如果这些问题不能得到有效解决，必然会严重影响人民健康，制约经济发展，影响社会和谐稳定。

材料三：

没有全民健康，就没有全面小康。推进健康中国建设，是我们党对人民的郑重承诺。

请结合材料内容，以青年志愿者的身份写一封公开信，向广大市民发出“全面小康，健康有我”的号召，体现你的认识与思考。

要求：选准角度，确定立意，明确文体，自拟标题；不要套作，不得抄袭；不得泄露个人信息。

写作思路：

这道作文题，要求学生写的是一封书信。既然需要写书信，那么这种文体的基本格式不可忽视，否则会被扣分。信件一般由标题、称谓、问候语、正文、祝福语、落款署名以及写信日期等要素构成。在祝福语那里，很多考生喜欢写“此致”“敬礼”，但往往错了格式。“此致”要空两格写，“敬礼”要另起一行顶格写。署名在日期上面。

材料一交代了20世纪50年代，在那么艰苦的环境里，面对血吸虫病泛滥的局面，伟大领袖毛主席作出一定要消灭血吸虫病的伟大指示，并且最终取得了成功。由此可见，全民团结、积极抗疫，显得特别重要。材料二分析了我国目前面临的健康问题，材料三提到了党对人民的庄严承诺。因此写这封书信，要围绕在党的领导下，万众一心做好健康工作，稳定大局这个中心构思，便不会偏题。

全面小康，健康有我

——致全市人民的公开信

全体市民：

身心健康是每个人的追求，它是全民小康的核心内容，也是幸福生活的关键指标，更是国家昌盛的重要前提。当前，虽然我国整体经济水平和科技实力与过去相比得到了大幅度提升，但全社会仍面临多重疾病危胁并存、多种健康影响因素交织的复杂局面，全民健康任重道远。党中央向全国人民庄严承诺，大力推进健康中国建设，以全民健康助力全面小康。实现全民健康的愿景，离不开我们每一个市民、每一户家庭的通力协作，在此我提出如下倡议：

保持合理膳食，崇尚科学保健。身体健康的直接影响因素是饮食。随着线上餐饮的推广，不少人迷恋点外卖。殊不知，许多制作外卖的餐饮店、小作坊卫生不达标、用料不规范、工序不合理，这些食物光鲜的表面下，大概率隐藏着可怕的致病毒素。此外，为保持身材苗条，不少民众尤其是女士，热衷于疯狂减肥。然而，若盲目操作，当初以为能够有助于减肥的高档药物或者保健手段，会成为滋生病灶的祸根。多食用自家厨房的五谷杂粮，少吃油炸、腌制、膨化、烧烤、糖渍的不健康食品。饭后饮用一杯清茶，与家人悠闲散步，早睡早起，养成良好的生活习惯，才是我们最明智的养生选择。

培养高雅志趣，制定长期战略。健康既指身体各个部位气血畅通，也指情绪稳定，心态平和。无数的案例已经证明，烦恼、抑郁、愁闷、暴躁、猜忌、嫉妒等负面心理，若长期得不到有效改善，对人的身体健康将造成不可估量的消极影响。很多民众由于没有高雅的兴趣爱好，热衷于熬夜打牌、玩游戏、追泡沫剧等，久而久之也会落下身体疾病。我在此呼吁大家培养一至两项高雅的兴趣爱好，如下棋、茶艺、插花、练书法、打太极等，情怀高雅起来了，便心志舒泰。年轻人不要患得患失，应该心慕君子，在事业与健康间作好理性权衡。按期体检，遵医保养，树立健康第一的观念，才能以更足的劲头打拼事业。

心怀昂扬斗志，奋力战胜疾病。掐指一算，疫情防控期间，国外“躺平”的消息，染疫去世的人数，都极大地动摇着人们对战胜病魔的信心。再加上一些顽疾如癌症、白血病、渐冻症等依然没有找到根治的方法，人们难免在病魔强大的攻势面前泄气沮丧。可是，我们回忆 20 世纪 50 年代，面对很多国人被“血吸虫病”困扰的悲惨现实，伟大领袖毛主席发出“一定要消灭血吸虫病”的号召，全民团结筑长城，试看病魔谁能敌，“血吸虫病”终于灰飞烟灭。而今，我们生活在毛主席缔造的新中国，岂能在疾病面前丧了斗志？

全体市民们，面对多重疾病危胁并存、多种健康影响因素交织的复杂局面，且让我们携手并肩，勠力同心——保持合理膳食，崇尚科学保健；培养高雅志趣，制定长期战略；心怀昂扬斗志，奋力战胜疾病！春风杨柳万千条，主席诗词斗志高。待到病魔全遣去，心宽体健乐逍遥！

一名青年志愿者

2022 年 8 月 2 日

阅读下面的材料，根据要求写作。

谚语往往在通俗易懂的话语中蕴含着经验与智慧，但有些谚语彼此之间仿佛有矛盾，比如“退一步海阔天空”和“不争馒头争口气”，又比如“三个臭皮匠，顶个诸葛亮”和“三个和尚没水吃”，等等。

你如何看待这一现象？请结合以上材料写一篇文章，体现你的思考。

要求：选准角度，确定立意，明确文体，自拟标题；不要套作，不得抄袭；不得泄露个人信息。

写作思路：

这是一道典型的二元思辨型作文题。命题人以“谚语”为媒介，引导考生探讨谚语在不同情境下的含义，能否在看似相悖的表达中，找到二者的相通性。一般来说，某个结论的成立，需要具备一定的条件；如果这个条件不存在了，这个结论也就不再成立。这跟在地球上水与油不能相融，但是到了太空中水与油却能相融的例子，所折射出来的道理是一样的。

同样，谚语、名句、箴言、俗训等，都有自己的适用范围。比如《弟子规》有言：“父母呼，应勿缓；父母命，行勿懒。”意思是父母在呼唤你的名字，要很快地答应；父母命令你做某事，不要抗拒，要迅速行动。鲁迅早年被母亲做主，为他订了一房娃娃亲，女孩名叫朱安。但是鲁迅并不喜欢朱安，没有与她圆房。后来鲁迅东渡日本求学，接受了先进思想的洗礼，更加反对包办婚姻。他才华横溢，以笔为矛，刺向诸多丑恶的现象。鲁迅提倡自由恋爱，其才华也获得了许广平的崇拜，两人遂日久生情，结成连理。可是，谁又能说鲁迅的做法跟《弟子规》的道理是相左的呢？

再比如“三思而后行”与“当断不断，反受其乱”、“人往高处走，水往低处流”与“枪打出头鸟”、“瘦死的骆驼比马大”与“拔了毛的凤凰不如鸡”、“人不可貌相，海水不可斗量”与“人靠衣装马靠鞍”……只要我们开动脑筋，努力思考，善于联系生活实际，便可以悟出很多道理来指导自己的为人处世。

中庸析谚语，辩证品人生

现实生活中，我们常会遇到许多对看似矛盾的谚语，如不仔细研读，会让人对其义理内涵不明所以，更谈不上灵活运用来指导人生了。对任何一对貌似龃龉的谚语，我们正确解读它的态度应是中庸，即不偏不倚，深入了解这对谚语的使用范围、匹配情形等要素，才可以经中庸入辩证，站在理性的高度品读人生这部大著作。

析谚语品人生，要关注其使用范围。正如物理学科的一些定理公式，需要在特定的环境下才能起作用一样；人文学科的谚语，也有它自己的使用范围。譬如“退一步海阔天空”、“不争馒头争口气”，有时候也叫“人争一口气，佛争一炷香”，前者适用于集体内部不涉及原则问题的争端，后者更指向事关国家民族整体利益的大局。它们并不矛盾，只是使用的范围不同而已。

历史上“三尺巷”的美谈，给予我们良多启示。清朝大学士张英，以一首“千里修书只为墙，让他三尺又何妨。长城万里今犹在，不见当年秦始皇”的七言绝句，轻松化解家人与邻居的纠纷。这是“退步”的智慧。2020年6月，印度军方违背公约越境挑衅，我方英雄陈祥榕、王焯冉等奋起反击，以生命维护了国家尊严。国境线兹事体大，方寸不容他人践踏，这又是“争气”的英武。军魂巍巍，使人景仰。

析谚语品人生，要聚焦其匹配情形。客观世界是丰富多彩的，也是不断发展变化的。人们用以认识和指导客观世界的理论，也不能一成不变，否则就会闹出“刻舟求剑”的笑话。就拿“三个臭皮匠，抵个诸葛亮”与“三个和尚没水喝”这一对谚语来说，前者重在强调不要忽略普通人的力量，团结起来就有奇迹；后者旨在讽刺小团伙内部各自为政、分崩离析的情形。

抗日战争时期，广大农民为了打击日寇，充分运用地形优势，发明出地道战的经典战法。地道战并不见载于传统军事典籍，但却被我国底层民众运用得游刃有余，这足以证明“臭皮匠”们的聪明。反之，清末太平天国内讧严重，洪秀全、杨秀清、韦昌辉及石达开等中坚力量互相猜忌，彼此拆台，杀戮纷纭，终于导致太平天国最后的覆亡，让人唏嘘不已。

认真推究，类似于这种表面矛盾、实质统一的成对谚语还有很多。如“当断不断，反受其乱”与“三思而后行”“人不可貌相，海水不可斗量”与“人靠衣装马靠鞍”，“宁为玉碎，不为瓦全”与“留得青山在，不怕没柴烧”……我们切不可囿于谚语的一点而不及其余，只有善加体察，灵活思考，综合分析，才能发掘出它们深邃的智慧。对于今天的人们来说，这种思维不啻一份宝藏。

所以，表义矛盾的谚语也罢，纷繁复杂的人生也好，都需要我们拿出中庸的态度，以辩证的认知去看待，进而构建理性的三观，让平凡的人生拥有不凡。中庸析谚语，辩证品人生，你愿意吗？

阅读下面的材料，根据要求写作。

书籍，是文化的重要载体；读书，是承继文化的重要方式。随着科技的发展，各种各样的电子阅读产品与平台更是受广大青少年喜欢，读书变得越来越“轻”；可也有人说，离开了传统的纸质阅读，阅读就少了那份“厚重”之感。

读书到底需要“轻”还是“重”？对于这件事，你有怎样的思考与认识？请你以中学生小明的身份，结合自己的体验与感受给《读书论坛》杂志写一封信，表达自己的看法。

要求：选准角度，确定立意，明确文体，自拟标题；不要套作，不得抄袭；不得泄露个人信息。

写作思路：

这道作文题要求所写体裁，仍然是书信。关于书信的具体格式，前已述及，此处不再赘述。当今时代，阅读已经成为一道渐行渐远的风景，作为一种已经逝去的美好，只能留存于人们的记忆中。这是非常悲哀的事情。有人可能会反驳，今天读书的中小学生仍然很多。但是，你认真去观察他们所读的文本，是市场畅销类书籍，如缺乏营养的网络文学居多，还是守望文脉类书籍，如诗词歌赋、世界名著、历史哲学一类的内容偏胜？

互联网时代，深刻地影响着人们的生活。于是，在阅读领域自然就出现了“轻读”与“重读”的辩论。其实，“轻读”与“重读”都只是形式，核心是内容。如果所读是经典名著，我以为借助电子产品的载体、以视听读屏等形式阅读书籍，又何尝不是一种进步呢？

阅读面要尽量广，开阔自己的视野。当然，一些戕害青年人身心健康的书籍，还是远离为好。守住了高质量阅读的领地，就呵护了人类心灵的成长，这是人文重建的核心。现今不少中学生，宁肯花几百元，甚至上千元钱去购买一双鞋子、一套衣服，却不舍得花钱去购买文学名著，这的确让人感到很遗憾。阅读改变生活，从当下开始。

呈《读书论坛》总编书

总编尊鉴：

仰望山斗，向往尤深。曩者，欣闻贵刊引论置题，共析阅读，此诚提澌人文、化导风俗之美事也。古人云，书中自有黄金屋，书中自有颜如玉，若欲扩展视野、涵养素质、夯实技能，舍阅读一道，安有他途哉？举凡天文地理、政治军事、经济民生、医疗教育，无不纪形于案牍，垂迹于书册，果能致志于此，自可息虑静神，广学弘才耳。

虽然，时移境迁，科技迭变，迨至今日，阅读之书目，轻重浅深，盖难定论。或曰生计维艰，流离拼搏，唯须浅读；或曰诗镌哲理，文蕴美慧，必要深鉴。据实而言，浅读自能吟咏风月，怡情养性；深鉴亦可怀抱丘壑，挞丑扬妍。忆及往昔，吾披览书籍，熏染清香，故敢述斯陋见云耳。

一曰深鉴经史，辨明至理。吾攻大学，治中文系，虽囊中羞涩，每旬辄步出校门，径入书市，选购书籍，如获至宝。时有山西古籍出版社排印之文士集子，装帧高雅，文辞清丽，读之如嚼薄荷，通体沁凉，真乃神仙中人也。彼之书系，计有李太白集、杜工部集、李易安集、辛稼轩集、纳兰容若集，不一而足。吾按词吐音，剖判平仄，想古人之容貌，悟往哲之精神。岁在戊子，吾负笈北上京华，有贵人语我，欲通国文精髓，须读学庸论语。吾晨夕执册，手不释卷，读《论语》，感夫子之仁爱大德；品《中庸》，知儒学之溥博深邃；研《大学》，悉道统之堂室壶奥；赏《孟子》，晓亚圣之汪洋恣肆。

二曰浅读小品，愉悦生涯。老子曰："吾所以有大患者，为吾有身；及吾无身，吾有何患？"《心经》亦曰，眼耳鼻舌身意，皆是罣碍之所。普罗大众，浮生艰涩酸苦，人生不如意之事，常十之八九，若皱眉蹙额，敛颜阖笑，孰与阳春爽秋乎？故小品之文，如庖厨佐料，添之增味，减之淡然。虽不务多，亦不可须臾或缺耳。若目经史为正，则小品为敧；经史为雅，则小品为趣；经史为高，则小品为卑。于今而言，公众号之软文，或诙谐幽默，或裨补见闻，或美图频出，皆为小品之属。至于三教九流，阴阳五行，亦可类焉。

三曰雅俗兼读，延祟形寿。冷夜幽阒，寒雨敲窗，斜卧床榻，逸致丛生。是时也，吾读“洞见”软文，随其文理疏密，纷吾情怀起伏，或至抑塞，未尝不哭；或至朗阔，未尝不笑；或至祗敬，未尝不思。而后沏茶品茗，渐臻佳境。雨也，茶也，文也，合于一人，天下胜事，亦不过此耳。甫入子时，吾则赏抖音，戏谑怒骂，皆是文章；柴米油盐，无非世理。吾受训郑强教授，知大学风骨，戛戛乎行焉；吾聆音康辉主播，知大国风范，巍巍乎立焉；吾刷屏乡愁网红，知大号风流，澹澹乎释焉。于是又阅“占豪”、阅“平局”、阅“吴鹏飞”。雅者，俗者，共洗灵台，齐新耳目，故能祛疾捍病，延祟形寿，不亦宜乎？

故曰：开卷忘忧常励志，掩书耽乐每开怀；又曰：俗浅小文能养性，雅深大作可怡情。君子之于读也，可深可浅，能轻能重，唯视其情理在否。与君共勉。

复兴中学小明

辛丑年葭月初六

阅读下面的材料，根据要求写作。

2021年是中国航天史上的关键之年，不仅“天问一号”探测器成功着陆火星，中国空间站也正式开启在轨组装建造。2021年《开学第一课》首次在我国空间站天和核心舱设立“太空课堂”，连线聂海胜、刘伯明、汤洪波三位航天员为同学们上课。《开学第一课》还邀请了中国进入太空第一人杨利伟为同学们演讲。探索浩瀚宇宙是全人类的共同梦想，中国同其他国家头顶同一片蓝天，为破解宇宙谜题携手“问天”。

请从下列任务中任选一个完成写作。

（1）在电视台《开学第一课》节目中，以学生代表的身份写一篇演讲稿，展示当代青年的责任与担当。

（2）“天和核心舱”成功发射，以一名高中生的身份给三位航天员写一份公开信。

（3）“天问一号”成功着陆火星，以校团委的名义给“天问一号”研究团队写一封慰问信。

要求：选好角度，确定立意，明确文体，自拟标题；切合身份，贴合背景；不要套作，不得抄袭；不得泄露个人信息。

写作思路：

这是一道任务驱动型作文题。根据写作背景，命题人要求考生从几个写作任务中，选出一个进行写作。2021年《开学第一课》，首次在我国空间站天和核心舱设立“太空课堂”，不仅有几位宇航员为同学们上课，杨利伟也将为同学们演讲。毋庸置疑，这种形式尤其振奋人心。

在地面，电视台也会录制《开学第一课》的节目，第一个写作任务即是在节目中进行演讲。第二、第三个写作任务，都是以信件的形式，表达中学生对我国航天事业取得胜利的感想。作文中要提倡大家学习航天英雄们的精神，为社会主义建设贡献力量。

航天伟业开天地，年少雄心壮古今
——在2021年《开学第一课》节目中的演讲

同学们：

苍茫宇宙朝天问，日曜红旗舞玉龙。在这个丹桂馥郁、秋高气爽的日子，我们有幸能够聆听杨利伟、聂海胜等航天英雄的太空授课、现场演讲，瞻仰其事迹，振奋我精神。我们一起见证中国航天人续写传奇、赓续辉煌的峥嵘，值此丰功伟业，心中感慨万千！

回眸历史，中国航天人自强不息。1956年，钱学森组建中国第一个火箭与导弹研究机构，这是中国航天业的滥觞。创业伊始，中国团队得到了苏联支援；可随着苏联专家被成批撤走，中国科学家唯有自力更生，艰苦探索。1970年，我国“东方红”卫星成功升天，打破了西方的成见。然而，美国一直对中国的航天科技采取敌对态度。1993年，美国联合其他西方国家拒绝中国加入国际空间站的建设；2011年，美国通过“沃尔夫条款”，禁止中美在航天领域的一切交流；2019年，美国拒绝中国代表团参加国际宇航大会。凛冽梅偏绽，清寒菊更幽。中国航天不畏险阻，一路逆势而上。

欢庆今朝，中国硬实力震惊寰宇。2021年，“天问一号”探测器着陆火星，中国空间站开始在轨组装建造，神舟十二号成功发射，这些璀璨成就的取得，都离不开航天赤子的持续努力！他们是出类拔萃的炎黄子孙，以自己的聪睿与勇毅，誓将“可上九天揽月，可下五洋捉鳖”的浪漫史诗，镌刻在浩荡幽窅的青冥深处。中国航天事业的蓬勃发展，离不开蒸蒸日上的综合国力的支撑。在航天领域，中国从跟跑、并跑到领跑，实现了令世人惊艳的跨越！集微成著、以民为本的中国体制，博大精深、兼容并包的中国文化，风驰电掣、逐日追云的中国速度，足以让国人挺起脊梁、树立自信。

展望未来，中国青少年任重道远。曾子曰："士不可以不弘毅，任重而道远。"当代青少年是建设国家的中流砥柱，肩上的担子十分沉重。在复兴中华民族的远大征途中，离不开梦想精神、奋斗精神与创新精神。中国人向来就敢于追梦。两千年前的屈原，以瑰丽绚烂的笔墨，写下《天问》这篇煌煌巨作，中国人向天问道的旅程，于斯发轫。明初万户自制火箭，肇始飞天摩月的壮丽实践。新中国成立以来，一代代航天人以矢志不渝、革故鼎新的可贵精神，撰写出中华民族精神谱系中最精彩的篇章！我们的征途是星辰大海，有志青年当学习航天英雄们的道德品质，在未来唱响生命的乐章！

同学们，伟人毛主席有词云：雄关漫道真如铁，而今漫步从头越！成长在春风拂面的新时代，青年人要培养正确的认识，既要从已有的成绩中看到希望，更要从未知的困难中预见挑战！让我们接过航天英雄们传来的光明火炬，照亮前进路上的每一寸土地！号角已经吹响，我们整装出发吧！

我的演讲到此结束，谢谢大家！

阅读下面的材料，根据要求写作。

网络热词“吃瓜”，用以比喻以事不关己的态度讨论八卦丑闻、围观个人隐私的行为。客观来看，社交网络时代的“吃瓜”既是娱乐方式，也是社交方式，某种程度上也助于引发公共讨论、带来意见表达的多元化。但一段时间以来，诸如寻亲男孩刘某某遭网暴自杀等人生悲剧不断上演。此时，“吃瓜”跑偏，谣言滋生，大量低俗、虚假信息占据公众注意力，“吃瓜”变“吃人”，“围观”变“围攻”，给网络空间治理、社会治理带来新的困扰。

读了以上材料，作为成长于网络时代的你有何感想？请写一篇文章表达你的思考和观点。

要求：选准角度，确定立意，明确文体，自拟标题；不要套作，不得抄袭；不得泄露个人信息。

写作思路：

这道作文题，具有很强的现实意义。在今天这个时代，大家的生活几乎都离不开网络信息。但是网络信息真假难辨，给人的正常生活造成很大的困惑。特别是，当网民在线上去讨论某件事情时，由于远离事发地，没有弄清楚事件的前因后果，很多推测出来的观点难免有捕风捉影的痕迹，如果网友信以为真，则会造成啼笑皆非的局面。

信息时代，网络为人们表达观点提供了一定的空间，但是不能发表明显错误的观点，也不能借网络对他人展开人身攻击。互联网不是法外之地，任何人在线上进行交流，都需要对网络法规怀有敬畏的心理。否则，一旦越过雷池，就会遭到应有的惩罚。

很多只会在网络上夸夸其谈的人，被人们戏称为“键盘侠”，他们凭借一副键盘，在上面敲打出一行行文字，以为可以洞观风云，指挥事态，可事情发展到最后，却给他们泼了一盆冷水。还有一些人只顾发泄自己的愤怒，不加辨别地去攻击别人，可能让当事人背负压力，滑向生活的深渊，造成不可挽回的悲剧。因此，理性“吃瓜”，最为重要。

做一名理性的“吃瓜”群众

在网络时代，社交平台向受众提供及时的资讯，图文音影立体茂盛的呈现方式，满足了广大受众“一机在手，天下尽观”的欲望，象征性填充了他们被商品物质逐渐啃噬的心灵漏洞。同时，受众行舟于资讯信息的汪洋大海，时或止筏停息，以桨作笔，指点江山。

客观地说，这些表达在一定程度上提高了舆情公正度，增进了多元意见的价值，有利于形成更加科学精准的决策；但也要看到，有些议论一味地罔顾事实，充斥着泛滥的情绪宣泄，使网络空间一地狼藉。“吃瓜”群众的言论，亟待回归理性。

犹记得，2022 年 5 月下旬，“教材毒插画”事件在线上开始发酵。许多网友义愤填膺，鞭挞丑恶，发表了不少义正词严的意见，形成一股强大的正能量，促使国家相关部门采取行动，对“教材毒插画”进行全面审查，并依法惩处了违规人员，让人拍手称快。再如同年 6 月的唐山打人案，正义网友迅速出击，对恶霸口诛笔伐长达数月，加快了罪犯及其保护伞落网的速度。这种基于维护群体公义的理性，我们应当认可。

可网络世界有时显得分外吊诡，网友们向“热点事件”投出去的弹幕，竟会变成狰狞恐怖的网暴大锤，从一万米的高空重重落下，将当事人砸得粉身碎骨。待事件反转，悲剧发生，他们还无辜地摆头，怎么如此脆弱？其人身形必欹，故其影必斜！刘某某寻亲自杀，少女直播自杀，某女子被造谣出轨骑手自杀，四川德阳女医生自杀……若“吃瓜”群众理性一些，或许那些生命不会过早凋零。

语到癫狂方觉毒，事非经历不知难。网络给了网友平等表达的平台，但三寸之舌巧也如簧，利也如兵。人们说，舌上有龙泉，杀人不见血。网络让时空发生折叠，“吃瓜”群众在围观他人时，总是站在自以为是的道德制高点，化身为“法官”。事不目见耳闻，不可以臆断。就算目见耳闻，它的前因后果呢？幽微曲折呢？人情法理呢？这些，你都考虑进去了吗？考虑妥当了再理性发言，也未为不可。

还有一种情况不可不明察，那就是有人刻意“搞事”，处心积虑地带偏节奏。我们的网络空间遭遇文化入侵，早已是不争的事实。指鹿为马，嫁柳作槐，偷梁换柱……某些别有用心的人，将这些伎俩发挥得“淋漓尽致”。“吃瓜”群众只空凭一腔热血，就陷入别人早已预设好的舆论圈套中，无数网友“宅”在家里噼里啪啦地发表高论，却让真相愈加扑朔迷离，增加了政府治理成本，引导人心滑向不可预测的深渊。因为此刻，我们都不理性。

做一个理性的“吃瓜”群众，请从当下开始吧！

阅读下面的材料，根据要求写作。

中国共产党人在革命、建设和改革进程中筚路蓝缕、攻坚克难、创造奇迹，但始终坚守初心，牢记使命，为中国人民谋幸福，为中华民族谋复兴。一百年来，党和国家事业取得了巨大成就，社会发生了翻天覆地的变化，综合国力不断提升，城乡面貌日新月异，人民生活越来越好。

广大青年怀有美好初心与远大梦想，在时代大潮中经受淘洗，在人生之路上跋涉前行。无论是面对风雨和荆棘，还是面对鲜花和掌声，都不要忘了初心，不要放弃梦想；都要牢记我们为什么出发，牢记自身肩负的使命。

以上材料对我们颇具启示意义。请结合材料，以“坚守初心与梦想”写一篇文章，体现你的感悟与思考。

要求：选准角度，确定立意，明确文体，自拟标题；不要套作，不得抄袭；不得泄露个人信息。

写作思路：

这道作文题看似简单，可是要写出高度、深度、广度，还是需要下一番苦功夫的。许多考生看到写作的主题——坚持初心与梦想，便觉得这类主旋律作文，自己写起来得心应手，素材也积累了不少，框架结构都熟稔于心，高分作文下笔何难。但是，我们认真阅读作文材料，会发现里面蕴藏的信息量，真的很大。

第一段材料说的是中国共产党在革命、建设与改革的伟大实践中，带领全国各族人民栉风沐雨，披荆斩棘，取得了举世瞩目的成就，铸造了华夏盛世，当然也为后人留下了宝贵的精神遗产，这是当代青年接续奋斗的背景。

但是材料也说，当代青年不管面对风雨荆棘，还是鲜花掌声，都要牢记使命，坚守梦想。这是指当代青年面临的困难与诱惑。到底有哪些困难与诱惑？在作文当中能不能呈现出来？围绕解决这些困难、诱惑，有没有可行的办法与措施？这样写，文章才更有档次。

族　谱

多年以后，玉清在回望既往人生道路时，对当初带领众位高朋亲友礼宗祠、读族训的决定将会感慨万千。人生虽漫长，但关键几步的选择至关重要。那时再看，玉清不仅不后悔，还会相当自豪。

多年以前，玉清从美国斯坦福大学生物制药专业博士毕业以后，就获得了美国制药公司巨头都德丝的邀约，年薪500万美金。玉清坦然接受了这份邀约。他从读本科起就去了美国，其间一直没有回国。为了与众人分享这份荣耀，他发出上百份请柬，定于中秋节的前一天晚上，在慕美酒楼设宴接待大家。

玉清是他爷爷一手带大的。他的父母都是国内某大学的药学教授，中共党员，为了援助非洲医疗事业，在玉清还没上幼儿园时，便双双飞往肯尼亚。他们精湛的技术和高尚的医德，在彼国活人无数，赢得极高的尊敬。然而，在援非第四个年头，他俩都染上了一种十分凶险的病毒。缓解病症的药品由美国某制药公司垄断生产，且价格贵得太离谱。他们俩将迟到半年且为数不多的药丸分给同事后，安然离开人世。

接到儿子儿媳殉职的噩耗，玉清爷爷悲恸万分。但他马上遏制哀情，对玉清隐瞒了消息。玉清18岁时，爷爷平静地告诉了他父母的死讯，没有透露细节。

在玉清成长的过程中，爷爷时不时带他去礼拜家族的宗祠，并翻开表面布满灰尘的族谱，给他先朗诵、后讲解家族的族训，让他读懂家族先祖的感人事迹。在那些艰难的岁月里，祖孙俩从族谱中汲取养分，时刻提醒自己所从何来。

爷爷当初也是这么启蒙玉清他父亲的。爷爷深知，族谱是优秀传统文化，是育儿宝典。在《三字经》《弟子规》等儒学经典的引导下，玉清父亲扎下了道德的根。后来他父亲入党，爷爷很高兴地送给他一本复制的族谱。

再后来，爷爷年事已高，玉清逐渐接受西方文化的熏染，他对那些族谱已经陌生。爷爷前几年就卧病在床，堂兄每年打电话希望玉清回国探亲，他均以学业繁忙搪塞过去。

现在，是玉清光宗耀祖的时候，他终于在同学的陪同下，开车赶往乡里，见到了缠绵病榻的爷爷。彼时，夕阳洒下最后一抹温清的余晖，就赶紧往山坳里躺倒。爷爷瘦骨嶙峋，两眼深陷，如同从古老史册中滑落的人物。

推开柴门，爷爷老涩的脸露出难得的微笑。他用干枯的手指指向床头一个盒子，助手抢着打开，里面有一新一旧两本族谱。旧的族谱族训如斯，一下子将玉清带入了当年那段艰难岁月。新的族谱刚付梓，在家族先进人物名目中，加了一段话："李氏守瑜，张氏润琴，玉清之父母。于癸未年赴非援医，活人无算，后染病毒，未时送医。美药昂贵，非国贾者甚少。李张分药丸以济同僚，撒手人寰。二贤之风，盖山高水长，千秋钦仰云尔。"

读至此处，玉清早已泪目。秘书翻到新族谱的族训处，竟加了父母的遗言："愧为医者，乏方锥心。大国垄断，穷族呻吟。善教后嗣，德重万金。药贻华夏，我辈力任。"

读完，玉清脑子嗡嗡作响。待清醒后，立即吩咐助手群发消息：明日嘉会，领诸位高朋亲友礼我宗祠，读我族谱，温我族训……

学生习作精选

沉默不是金

徐丽媛

在我们大部分人的认知中，“沉默是金”便是亘古不变的为人处世的原则；“少说话，多做事”，似乎也被看作是一种非常优秀的人格品质。人们以此引申出很多告诫：言多必失，隔墙有耳，祸从口出，明哲保身……总之，能闭嘴的时候，就尽量闭嘴。然而，美国黑人民权运动的领袖，1964年诺贝尔和平奖获得者马丁·路德·金曾说过：“历史将记取的社会转变的最大悲剧，不是坏人的喧嚣，而是好人的沉默。”这句话穿越时空，时时叩击着人们的良心。

沉默，不是解决问题的灵丹妙药

我们可以想象这样一幅场景：我们班级的卫生情况不尽如人意，书本摆放杂乱无章，自习课堂喧闹不休……当这些现象出现的时候，所有人都秉持着“事不关己，高高挂起”的冷漠态度，那么我可以断定，我们班未来会有作为的人，少之又少，大部分人可能都将碌碌无为。可能有人觉得：我又不是班干部，这些事情跟我有什么关系呢？在我看来，这是一种极其不负责任的态度。我们生活在一个大集体里，每个人都有义务为了营造更加和谐、健康、干净的班级氛围而不懈努力。行动起来其实很简单：弯腰捡起一片果皮纸屑，微笑送出一句温馨提示，起身摆正一排桌椅板凳。

沉默，不是修成中庸的终南捷径

在有些人的思想体系里，总觉得“大体可以就行了”“你好我好大家好”“中庸圆融享太平”，这些冠冕堂皇的说辞表面有理，但实则不然。假如我们明知亲朋好友犯了过错，却隐讳不报，或者不予规劝，一概保持沉默，那么潘多拉的魔盒一旦打开，犯错者的人生就会被完全改写。在社会上，如果大家都对国家法律、行业规则熟视无睹，甚至有人试图践踏法纪的尊严时，大家又都保持沉默，再多的规章制度终归是一纸空文。渐渐地，人们将模糊自由和规矩的界限，小到个人思想麻木，大到国家官员腐败，危害极大！所以说，不合时宜的沉默，就是助纣为虐！

沉默，不是合群同尘的锃亮名片

或许，在很多情况下，我们保持沉默，是源于自己的善良。比如在临终病人面前，我们尽量不去谈论他的病情；在与有口吃的人聊天时，我们假装注意不到他的口吃。但是多数情况下，我们保持沉默，是怕被集体“孤立”围攻。为了获得群体的认可，人们往往通过沉默来实现温暖的“合群”。我们怕失去信息的交流，失去利益的分配，失去价值的同化。说得直白一些，很多人害怕失去升官发财的机会，失去肥马轻裘的生活，失去和光同尘的标签。但是，当大家都沉默下去的时候，社会就会卷入沉默的漩涡，再要泅渡到正义的彼岸，难上加难！

综上，我真诚地呼吁每一个人，都交出一片赤心来，把自己的灵魂刷洗得更加纯粹、更加洁净、更加透明！面对不合理的事，我们要挺身而出，厉色发声，正躬以行，让公平正义的阳光普照在春风能到达的每一个角落！

坚定文化自信，助力民族复兴

彭小雨

中华历史源远流长，中国文化博大精深，华夏礼仪典雅雍容。五千年跌宕起伏，五千年风雨兼程，五千年苦难辉煌。今天，让我们走进中华文化，了解她的过去，把握她的当下，畅想她的未来。

文化深度，光耀千古

众所周知，中国是世界四大文明古国之一，相较于其他短暂而又绚丽的文明古国，她是唯一屹立至今且依然欣欣向荣的国家。中国文化具有世所罕匹的深度，其大象无形，兼包并蓄，体现了中国作为一个大国的担当与自信，支撑着中华民族从历史源头走向未来远方。中国文化是一脉相承的，古有唐诗宋词元曲，今有新诗散文小说，古有李太白、苏子瞻、马致远，今有毛泽东、周树人、朱自清，当我们捧读那些饱蘸作者情感的文章时，我们终于明白，必须继承传统文化，将其发扬光大。

墨色润心，书理修身。我们拜读孟子，他写下的“故天将降大任于是人也，必先苦其心志，劳其筋骨，饿其体肤，空乏其身，行拂乱其所为，所以动心忍性，曾益其所不能”，激励了无数的仁人志士穿越黑夜，触摸星辰；我们邂逅刘禹锡，他吟出的“沉舟侧畔千帆过，病树前头万木春”，将事物前进过程中的矛盾现象揭示得淋漓尽致；我们访谒林则徐，他悟出的“苟利国家生死以，岂因祸福避趋之”，每每在国家危难之际，总会激励着那些敢于为民请命的勇士豪杰。

文化广度，泽被四海

随着综合国力的提升，越来越多的国人逐渐变得自信起来，开始把目光聚集到中国的优秀传统文化。从习近平总书记出席国际儒学联合会第五届会员大会，到省级领导参与祭孔大典；从教育部号召实施优秀传统文化“六进”工程的红头政策文件，到肇始自底层坊间以化民成俗为导向的传统文化论坛；从开始霸占时尚新席位的“国风”潮，到凭借互联网将中华文化精髓传播到国外的李子柒，都在传递着一个重要的信息：中华优秀传统文化的种子，已经在国人的心中扎下了根基。

华夏礼制，万邦同春。中华传统文化的魅力，不仅为中国人所追捧，也被全世界所艳羡。在联合国大厦的一幅大型壁画中，用英文镌刻着“己所不欲，勿施于人”的中国圣哲教诲；孔子学院遍布全球，“一带一路”倡议造福亚欧大陆，人类命运共同体理念得到国际社会真诚拥护，这些可喜的现象都表明：中华文化，将带给世人更深厚的福利。

文化高度，福润寰宇

经济是文化的基础，文化是经济的呈现。历史的车轮，已经转到了 2023 年，我国已经成为世界第二大经济体，是举世公认的对全球事务发挥重要影响力的大国。回望历史，100 多年以前，我国还是那个被列强肆意蹂躏，被嘲讽为“东亚病夫”的国家，政府腐败不堪，民生凋敝疲软。可是今天，我国的实力远超曾经的欧洲列强，“基建狂魔”让中国速度撼人，抗击新冠让中国制度耀眼，脱贫攻坚让中国情怀暖心。这些都是中华文化发力的表现，在时间长河中，中华文化历久弥新，永不衰竭。

仁爱和平，梦联未来。当前，14 亿多中国人民正在以习近平同志为核心的党中央的带领下，朝着中华民族伟大复兴的目标而全力奋斗着。对内，她为人民谋求福祉；对外，她为世界护持和平。回眸沧桑，感慨顿生。山川面貌已然改变，但不变的是那颗赤热的中国心！这颗心，它正不断创造着新的“四大发明”，以自己的方式将中华传统文化传承下去，为世界带来新的梦想。我们青年人要有信心，接过赓续中华传统文化的接力棒，再造奇迹！

在气象万千、机遇迭出的新时代，我们青年人要坚定文化自信，助力民族复兴，让中华文化的精神传递到每个角落，紧握文化巨笔，开启精彩旅程！

弘扬传统文化，争做有为青年

罗鑫

悠悠五千年，泱泱大华夏。在这片古老的神州大地，孕育着最优秀的中华民族；在这条绵远的历史长河，流淌着最智慧的传统文化。我们是孔夫子的子孙，更是新时代的青年，在国家间的文化竞争愈加激烈的今天，我们更需要弘扬传统文化，坚定树立自信；勇于改革创新，争做有为青年！在我看来，弘扬传统文化，可以从砥砺爱国热情、强化责任担当、践行孝亲尊师等方面入手，展我风采，塑我形象，育我精神！

砥砺爱国热情，书写无悔青春

青年人，当有清澈的爱国热情，强烈的民族自豪，昂扬的奋斗意志。青年的底色是爱国，青年的特色是进步，青年的本色是有为。当青年周恩来确立鸿鹄大志，胸怀家国天下，许下“为中华之崛起而读书”的铮铮誓言；当青年闻一多矢志革故鼎新，推动革命进程，呐喊出“我们要像李先生一样，前脚跨出大门，后脚就不准备再跨进大门”的斑斑诗行；当青年程开甲投身戈壁荒滩，钻入核弹爆心，镌刻下“我们拿到了第一次核试验的全部数据”的豪言壮语……

前有辉煌业绩，后有浩瀚征程。一代又一代的有为青年，在社会主义建设道路中，诠释了爱国的内涵。当神舟十三号飞向太空，当“北斗”导航，“嫦娥”登月，“蛟龙”探海，“墨子”加密，“九章”求解……当这一切都成为现实，难道你的心中不曾自豪过吗？江山代有才人出，各领风骚数百年。我是中国新青年，我要弘扬爱国心。青年兴则国家兴，青年强则国家强。回顾过往，面向未来，我们肩上的责任越来越重，但每前进一步，都是为了彰显这颗炽热的爱国心。

强化责任担当，成就出彩人生

责任担当，是检验青年人职业操守的试金石，是增长青年人技术能力的加油站，是引导青年人思想信仰的风向标。如果青年人没有担当意识，将会引发非常严重的后果。1986 年 1 月 28 日，美国“挑战者号”航天飞机，在发射约 73 秒以后，船体在高空爆炸，导致 7 名宇航员不幸牺牲。究其原因，只是工作人员检查不严：一个价值 900 美元的 O 形橡胶垫圈，在低温条件下变硬，阻挡不了固体火箭燃料助推器的火焰从缝隙蹿出，才导致这场人为悲剧的发生。

敢于担责的青年人，既是传统道德的守望者，也是崭新时代的弄潮儿，更是广阔天地的拓荒人。20 世纪 60 年代，具备强烈责任感的“铁人”王进喜，在钻油现场发生井喷的紧急关头，不顾腿伤毅然跳进水泥浆池，用身体搅拌水泥浆；20 世纪 70 年代末，我国核爆炸试验失败，邓稼先不顾艰险，坚持进入原子弹被摔破的地方去寻找一些重要的部件，最终导致身体被严重辐射从而罹患癌症。他们是为了什么？为了名望吗？是为了利益，还是为了尊位呢？都不是，他们是为了沉甸甸的责任。

践行孝亲尊师，对齐道德标杆

俗话说，人生天地间，百善孝为先。孔子云：“夫孝，德之本也，教之所由生也。”孝道，是青年人身上最闪亮的名片。父母生育我们、抚养我们、教导我们，其恩比山高，比海深。季羡林非常孝敬他的母亲，成名后不仅撰写多篇深情的文章来纪念母亲，更要求后人在他死后，将他与母亲葬在一起，他的孝，是国学最生动的注脚；贵州省望谟县实验高级中学副校长刘秀祥，曾因背着“疯娘”上大学的举动，被誉为“贵州第一孝子”，他的孝，是时代最美丽的画卷。同学们想一想，你可曾为父母做过什么？你可曾让父母以你为荣？你可曾使父母喜笑颜开？行孝，应从当下开始。

古之学者必有师。老师为我们传道、受业、解惑，是我们世界观的开启者，价值观的塑造者，人生观的引领者。2016年教师节，习近平总书记回到母校北京市八一学校，与他当年的恩师陈仲韩、陈秋影等老教师见面，亲切地说道："是老师培养了我们。"《荀子·大略》说："国将兴，必贵师而重傅。"老师呕心沥血，诲人不倦，我们又有什么理由不尊师呢？

仰看昆仑三万丈，潜游东海九千寻。让我们在新时代砥砺爱国热情、强化责任担当、践行孝亲尊师、弘扬传统文化，争做有为青年！

拥抱新时代，争做新青年

肖玲

苏格拉底曾说：“每个人身上都有太阳，主要是如何让它发光。”诚哉斯言！身处中华民族伟大复兴的新时代，踏上中华民族百年奋斗的新征程，实事求是地说，当代青年赶上了千载难逢的好机遇，只要认真努力，一定大有作为，跟进变化趋势，跨马勇立潮头。那么，我们应该付出怎样的具体行动呢？接下来，请让我为大家细细道来。

新时代的中国青年，务必树立远大理想。青年的理想信念关乎国家未来，新时代中国青年要树立对马克思主义的信仰，对中国特色社会主义的信念，对中华民族伟大复兴中国梦的信心。前人的光辉事迹告诉我们，青年需要到人民群众中去，到基层乡村中去，让理想信念在创业热忱中升华，让青春岁月在创新激情中闪光。热爱伟大祖国，是青年修身务本第一课，也是实现理想第一关，更是提升境界第一步。对新时代的中国青年来说，热爱祖国就是立身之本，净心之根，筑魂之基。青年人要学党史，听党话，跟党走，胸怀祖国，情系人民，心忧天下。

2019 年 6 月 17 日，一位年仅 30 岁的优秀女性的生命，永远定格在了那个暴雨如注的炎夏。获得北京师范大学法学硕士学位以后，她考上了选调生，职务为广西百色市委宣传部副科长、派驻乐业县新化镇百坭村第一书记。她生前全心扑在精准扶贫岗位上，在脱贫攻坚的重要关口，永远不知疲倦地奋斗着。6 月 17 日凌晨，在从百色市返回乐业县的路途中，不幸遭遇山洪，因公殉职。她就是被中宣部追授“时代楷模”称号的黄文秀。凭着闪亮的学历证书，她本可以在大城市谋得一份体面的工作，可是她投身于国家最需要的地方，用实际行动诠释了远大理想的深刻内涵。

新时代的中国青年，务必培养崇高品德。俗话说，人无德不立，国无德不兴。在新时代，青年人要自觉树立和践行社会主义核心价值观，善于从中华优秀传统文化中汲取品格素养，从英雄人物和时代楷模的身上感受道德风范，在身体力行中提升思想境界。务必敬大德、守公德、严私德。自觉抵制拜金主义、享乐主义、极端个人主义、历史虚无主义等错误思潮的侵蚀，追求更有高度、更有深度、更有广度的完美人生，让清澈正气、蓬勃锐气、浓郁朝气遍布全社会。一个品德高尚的人，才能行稳致远，赢得他人的尊重，他的人生必然璀璨绚烂。

现为贵州省望谟县实验高级中学副校长的刘秀祥，就是一位德行突出、能力卓越的时代新青年。他从小家境贫寒，父亲在他四岁的时候就过世了，母亲又常年卧病在床，导致精神失常，哥哥、姐姐不堪家庭重负离家出走，刘秀祥从此只能与母亲相依为命。他去学校读书，就把母亲带在身边，课余时间亲自照顾她。为了贴补家用，刘秀祥捡过废报纸、废水瓶，无论生活如何面目狰狞，他始终微笑面对。2008 年，他考上临沂大学，背着母亲千里上学的孝子美德，被各大媒体争相报道。毕业后他回归桑梓，培养了一批又一批的栋梁人才，以七彩粉笔绘出了品德最纯朴的赤子形象。

新时代的中国青年，务必锤炼硬核本领。新时代中国青年要担负时代使命，绽放人生光芒，就必须掌握精湛、专业的技能，锤炼硬核本领。本领的增长，离不开艰苦奋斗。奋斗是青春最靓丽的底色。奋斗不只是响亮大气的口号，还体现于做好每件小事、完成每项任务、干好每项职责的过程。新时代的中国青年要勇做走在时代前列的奋进者、开拓者、奉献者，毫不畏惧面对一切困厄险阻，在乘风破浪中开拓前进，在披荆斩棘中果敢亮剑，在攻坚克难中创造业绩。唯有如此，才能以真才实学服务人民、回馈社会、报效国家，书写自己的无悔青春。

2017 年 10 月，一位年轻人代表国家参加第 44 届世界技能大赛，获得砌筑项目金牌，而此时的他，才年仅 19 岁。2018 年，他指导的学生在第 45 届世界技能大赛中蝉联金牌。2020 年 11 月 24 日，才 22 岁的他即被国家授予“全国先进工作者”的荣誉称号。他，就是梁智滨。梁智滨出生的家乡——吴川市，是我国著名的建筑装饰之乡。梁智滨生于斯长于斯，深受家乡文化的熏陶与影响。初中毕业的他，没有选择普高，而是就读于广州市建筑工程职业学校，学习工程施工专业。凭着自己的刻苦努力，终于年少成名。梁智滨的成长历程，阐述了锤炼硬核本领的内在意义。

我要向全天下的有志青年发出倡议，让我们怀抱“百年耻，终当雪；携手为，中兴业”的豪情壮志，培育“天下兴亡，匹夫有责”的伟大格局，勠力同心，勇毅振作，使中华民族五千年屹立不倒的文明赓续辉煌，瓜瓞绵绵！

答好爱国问卷，成就幸福人生

刘汉杰

谈到爱国这个话题，我们再熟悉不过。但有没有同学深入地思考过：我们为什么要爱国？爱国又有什么意义？我们应该怎样去爱国？我认为关键原因，就一句话：国家养育了你！作为当代青年，面对价值多元化的社会，要想成功成才，只有答好爱国问卷，才能扣好人生的第一粒扣子。

如果有人问，你为什么要爱父母？因为父母生你、养你、育你，你与他们有着不可改变的血缘关系。同理，我们在这个国家出生、成长、奋斗，国家为我们提供了特定的成长环境、生活基础以及社会关系，你得以完善个人形象、锤炼价值观念以及提高文化修养，国家的声誉、利益与我们的名誉、利益紧紧连在一起，我们与国家有着血浓于水的关系，这便是我们爱国的天然理由。

爱国，一定要爱祖国的大好河山。无论在哪个国家，在其民众的心目中，土地都有着至高无上的地位。记得小时候，每逢过年，村民都会为安置土地神的庙祠换上新书的春联：“土能生万物，地可载山川。”我们拥有的一切的一切，都拜脚下这片土地所赐，我们国家的主权、公民的事业和财富等，都依附着国土而存在。在古希腊神话中，大力士安泰俄斯的力量源于土地，只要他不离开土地，任何人都不可能战胜他。

国土是一个国家赖以生存的根基。爱国首先就得爱大好河山、爱广袤国土，要保卫它、维护它，让它更富饶、更美丽。“还我河山”，是古往今来一切爱国志士泣血呼喊的口号。岳飞在南宋风雨飘摇的时节精忠报国，天地英雄气，千秋尚凛然！爱国书法家于右任，晚年含泪作诗《望大陆》，一片冰心让人景仰；守岛战士王继才与妻子齐心协力，32 年来一直守卫国家的岛屿，令人敬佩！热爱国土，是一切爱国者发自内心深处的共同呼唤！

爱国，一定要爱祖国的亿万人民。人民是国家的主体，国家是人民的集合。人民的意志，支撑着国家的存在。在一个国家，从国家元首到普通百姓，都是人民的一员。人民之水托举着国家之舟，水可载舟，亦可覆舟，这是千百年颠扑不破的真理。敬民爱民，民主决策，谨慎用权，必然国运兴，国势盛，国力强；轻民贱民，逆民心志，专横妄为，就会国运衰，国势败，国力弱。

在2021年新高考全国一卷的文言文阅读材料中，唐太宗与群臣讨论治国理政的画面，深入人心。唐太宗为民着想，敬畏舆情，广开言路，擢拔寒门，开创了“贞观之治”的盛世局面；伟大领袖毛主席，在党中央机关即将从西柏坡迁往北平城的前夕，生动地形容这次迁徙为“进京赶考”，希望党员干部不要重蹈明末李自成的覆辙；我们尊敬的习近平总书记，宵衣旰食，励精图治，一句“我将无我，不负人民”，是新时代最洪亮的誓言。

爱国，一定要爱祖国的优秀文化。文化是一个民族生生不息的前进动力，是这个民族在长期的历史演变中所积累的、认同的、践行的精神准则。文化是一个国家的魂，是祖国为她的子孙后代留下的宝贵基因。我们欣喜地看到，海内外的华夏子孙，尽管居住环境不同，生活习惯不同，但其杰出代表，每年还是要到陕北公祭黄帝陵，他们认祖归宗，追本溯源的举动，完美地诠释了优秀文化的凝聚力。

在五千年的岁月长河中，我们积淀了优秀的传统文化。孔孟仁爱礼义的中正学说，老庄清静无为的淡泊境界，都是我们应该理解的传统文化。我们读李白的诗篇，沉醉于他的冲天才气，我们吟杜甫的词句，拜服于他的家国情怀。时至近代，无数仁人志士探索救国救民的道路，他们塑造的革命文化传统如此扣人心弦；从新中国成立到改革开放，社会主义先进文化向世人昭示着它的无穷魅力。作为青年，均应学习。

国土是根，人民是本，文化是魂。一个人如果无根无本无魂，注定行之不远，业之不广，德之不崇。爱国，就从当下开始，爱祖国的大好河山，爱祖国的亿万民众，爱祖国的优秀文化！

成为最好的自己

张俊扬

当下，很多人都在感慨，我们生活在一个极度“内卷化”的时代，要想从“千军万马”中杀出重围，问鼎成功，十分不容易。但人生长河，征途漫漫，无论如何都要相信自己——胜利了固然可喜可贺，踌躇满志；失败了也不必妄自菲薄，怨天尤人。我们只需要守住良知，成为最好的自己就足够了。

温情看待失败

对于绝大部分普通人来说，失败总是伴随着其成长的历程，极少缺席。但是在多数情况下，我们遭遇的失败，只能反映出方法的错误，却不能证明能力的平庸。谁都会有失误，在“马失前蹄”的时候，更应当看淡过往、放眼未来，毕竟，努力才是成功之门的入场券。在经历了初期难免的失败以后，你会汲取教训、振作起来。此时，失败就会逐渐远离你，那么你离成功也就不远了。

众所周知，美国科学家爱迪生，发明了足以影响整个世界的电灯泡，给无数人带来了光明，可是在这亮丽荣耀的背后，爱迪生流下了不计其数的汗水。他试用了 1600 多种耐热材料，才找到了钨丝。所以你不坚持，你怎么知道你不行？我国的屠呦呦也是如此，她和她的团队经历了非常多的磨难，才得以发现青蒿素。她失败过 190 次，不惜以身试药，甚至损坏了肝脏，才摘下了成功的桂冠，获得了 2015 年度的诺贝尔生理学或医学奖。少年，在向星辰大海进军的征程中，请温情看待失败。

温和克制自负

相信自己，要求我们坚信自己做出的选择，不要随意被别人的观点带偏，如果我们不够自信，往往会亲手摧毁自己多年的奋斗成果；但我们又不能过度自负，否则将酿成苦果。三国时期，曹操的主簿杨修，很有才华，十分聪慧，就连曹操都自愧弗如。因为过于自信，他将他人赠送给曹操的“一合酥”，曲解为“一人一口酥”，分发给众人食用；后来又不识时务地陷入曹家立嗣的争端，最终引来杀身灾祸，令人叹息。

2008 年高考季，当吉剑和徐孟南趾高气扬地交了白卷，以为自己能够对抗整个应试教育体制时，谁又会想到他们往后的人生路那么艰难呢？由于没有学历，二人只能辗转出卖廉价劳动，得到的却是极少的报酬。当前，我们在每次考试中，都要克制盲目的自信。我们奋笔疾书，志在必得，认为自己的答案一定正确，却不去检查因为粗心导致的错误，最终名落孙山，悔之晚矣！少年，在向梦想殿堂进军的征程中，请温和克制自负。

温雅尊重对手

人生中，我们会遇到很多机会，如果不能好好把握，机会便会化作流水春风，悄然从你的身边经过，你却浑然不知。如果我们抓住了机遇，纵然使出浑身解数，筋疲力尽，尽管没有达到预期目标，也便问心无愧了。那么，你已经成了最好的自己，你可以正视自己和他人了，你完成了华丽的蜕变。不必悔恨过去，过去无法挽回；必须憧憬未来，未来可以掌握。当我们与对手如期而遇时，要拿出高雅的风度，知己知彼，敬己敬人，不卑不亢，以最好的姿态迎接挑战。

在 2021 年的全运会上，乒乓球团体项目精彩不断。没错，在第四场比赛中，依旧是两个中国人的巅峰对决：广东队的樊振东与北京队的马龙。樊振东告诉大家，输给马龙并不丢人，他会尽自己最大的努力去迎接挑战。结果，樊振东战胜马龙，让广东队夺冠。10 月 31 日凌晨，在终极格斗冠军赛的舞台上，我国的李景亮尽管被奇马耶夫裸绞，但依旧勇气不减。在领奖台上，他为对手鼓掌，因为已经付出全力，他笑得自然。少年，在向完美未来进军的征程中，请温雅尊重对手。

在向人生目标跋涉的进程中，我们务必时刻调整状态，成为最好的自己，因为只有那个“自己”才值得高兴、值得夸耀、值得自豪。成为最好的自己，不做任何人的影子，活出自己的模样，活出自己的风采，活出自己的高度。以你最好的姿态去迎接未来，拥抱世界。相信你自己，是黑夜最闪亮的星星，是白昼最耀眼的太阳，是生命最温暖的春天。

从容登大道，不负此生行

李瑜轲

世上道路千万条，既有曲折迂回的，也有坦荡如砥的；既有宽敞通衢的，也有逼仄碍脚的。但是我想说，只有经过自己慎重选择并坚定走下去的路，才是康庄大道。

一个人应该认清自我，知道自己究竟是什么样的人，从而选择最适合他走的道路。明白这个道理，他才不会在喧闹的人间迷失方向。一个人生活在世上，要答好灵魂“三问”：一是我要拿什么？什么才是最重要的，最宝贵的，真正值得去争取的，这就是价值追求；二是我能拿什么？凭着自己掌握的知识和技能，未来可以从事什么工作，怎样选择才能最大限度地发挥自己的禀赋，这就是自我认知；三是我该怎么拿？在前两步的基础上，认真做好细致的规划，对前进路上可能遭遇的各种困难设计预案，调用各种资源完成目标，这就是方法路径。

答好了这“三问”的题目，内心就会宁静，行动就会从容。相反，一个不知道自己到底要拿什么，能拿什么，怎么去拿的人，必定永远焦躁和拧巴。他东抓一把，西抓一把，到头来仍不满意，因为他根本不知道什么能让自己满意。

回答“要拿什么”，绝对不能盲从。个人修身如此，治国理政亦当如此。回溯新中国成立初期，领导人就遇到了类似的“二难”选择。在社会主义基本制度确立以后，如何在中国建设社会主义，如何巩固和发展社会主义，这是一个崭新的历史课题，没有现成的答案可以遵循。中国共产党在马克思主义基本原理的指导下，以苏联经验、教训为鉴戒，结合中国具体实际，艰辛探索出了适合中国国情的、具备中国特色的社会主义道路。

回复“能拿什么”，一定量力而行。虽然说，我们每个人都要确立高远的目标，但每个人的天性禀赋、出生环境、努力程度都不一样，所以在确定发展目标时，一定要扬长避短，量力而行，才能最终取得胜利。当代最伟大的物理学家之一杨振宁，在美国留学的时候，最初选择的研究方向是实验物理，然而他的动手能力很弱，经常被同学嘲笑："哪里有爆炸声，哪里就有杨振宁。"后来，他果断地调整学业方向，主攻理论物理，提出宇称不守恒定律和杨－米尔斯理论，震惊了整个物理学界，奠定了他不可撼动的地位。

回应"怎么去拿"，务必百折不挠。回首《超级演说家》这档节目的高光时刻，我们一定不会绕过刘媛媛这个名字。当她以一篇《寒门贵子》的演讲走红全网时，人们惊讶地发现，这个把"no 作 no die"调侃得让人汗颜的北大法律系才女，高一年级的成绩排名，在 200 多人的年级中，竟然排到了 180 多名。她立志考北大，人家说她"脑短路"。她疯狂地看书、刷题，尽管高考分数只够读对外经济贸易大学，但是她志向不改，仍然要放手一搏，终于考取北大法律系硕士研究生。功夫不负有心人，她一路披荆斩棘，从当初的丑小鸭，一步步涅槃为金凤凰。在她考上北大研究生以后，就做出了一份极为详尽的奋斗计划表，为当代年轻人树立了良好的榜样。

因此，我提醒那些暂时处于低谷的同学，一定要坚信你选择的那条路，不要在意别人，走出属于自己的精彩！当你跨马山顶、俯瞰群峰时，你才知道，自己的路是最好的。愿我们从容登大道，不负此生行！

大度以“容”处世，“圆”成精彩人生

雷家乐

雨果曾经说过：“世界上最宽阔的是海洋，比海洋更宽阔的是天空，比天空更宽阔的是人的胸怀。”人生在世，要想取得一番作为，必须不断拓宽自己的心胸，以“容”的姿态对待遇到的人、事、物，这样你就会逐渐发现，当初被你认为是阻挡视线的障碍物，最后反而成为你登高望远的垫脚石。只有当你的内心足够强大，强大到可以装下往昔排挤、侮辱甚至伤害过你的人时，你才会臻造人生化境，体验成功喜悦。

干戈化玉帛，千古成美谈

春秋时期，公子纠与公子小白争夺君位。为了帮助主人公子纠，其副手管仲暗中对公子小白射出利箭，中其衣带钩，公子小白装死逃过大劫，抢先入齐成为君主，便是后来的齐桓公。此时，他若要处死管仲便如探囊取物，但他却接受了鲍叔的引荐，对管仲宽容并将其任用为相，君臣合力，名震天下。史载，齐国九匡诸侯，终成五霸之首。赵国的文臣蔺相如与战将廉颇之间，也留下了“将相和”的千古佳话。蔺相如与廉颇的关系，一度陷入低谷，蔺相如却以君子之心选择了宽容，最终化解了将相之间的矛盾。后来，蔺相如在国外出使会盟，义不帝秦；廉颇在国内默契配合，文武携手，巩固了赵国的地位，赢得了秦国的尊重。

英雄承辈出，大气驭风云

历史上略有名气的人物，都具备包容万物的优秀品质。唐太宗对于忠贞不屈的魏征，选择了包容，从此，他便有了一面镜子，助他成就了“贞观之治”。司马迁被施以宫刑，本是奇耻大辱，可他选择了容忍，才撰成了有“史家之绝唱，无韵之离骚”美誉的《史记》。李斯在《谏逐客书》中提到：“泰山不让土壤，故能成其大；河海不择细流，故能就其深；王者不却众庶，故能明其德。”三国时的刘备为了复兴汉室，三次放下身份，前往诸葛亮的草庐，请求他出山协助自己一统天下，这是更高境界的容纳。法国的拿破仑将军，因为宽容士兵的过错，建立起他在军队中的威信，加强了军队的战斗力，一度称霸天下，横扫欧洲。

尖锐且刻薄，徒留恨终生

有人生来宽厚，也有人秉性刻薄。商朝末年的君主纣王，就是一位刻薄得不近人情的君王。他大兴土木，劳民伤财，横征暴敛，致使民怨沸腾，很多忠心的臣子对他极尽谏诤，比如箕子和比干，都遭到残酷的报复。箕子为了逃难佯装疯癫；比干则被纣王剜去心脏，以布淫威。可是好景不长，周武王率领八百诸侯，一举灭商。庞涓与孙膑是同门师兄弟，但是庞涓嫉妒成性，不容他人。庞涓在魏国受到重用，将孙膑骗到魏国并且加害于他，使他受到膑刑和黥刑。后来孙膑被齐国使者带回国内，位列上宾。在齐魏马陵之战中，孙膑诱敌深入，设计杀死了庞涓，结束了他自私而狭隘的一生。庞涓的刻薄寡恩，也引致后人唾骂。

综合说来，“容”这个字，蕴含着太多的人生道理，有“容”方得“圆”，这也是中华民族传承下来的传统美德，更是祖先遗留给后世子孙的精神文化。作为新时代的高中生，我们在向星辰大海进军的漫漫征途中，更要高瞻远瞩，虚怀若谷，大度“容”世，“圆”成精彩！

经受时间考验，静待春暖花开

张欢

人活于世，阶段性的起落浮沉、荣辱成败、是非曲直，到头来终会有一个公正的结果。对于大多数人来说，等待结果的过程是痛苦煎熬的，因为他只看得到短暂的画面，没有长远的眼光，也没有顽强的毅力，更没有宏伟的抱负。只有那些能够承受得住时间考验的人，将自己的全部精力都奉献给了最有意义的事业，才会在下一个路口，欣赏到春暖花开的美景。

心中有国家，岁月自无涯

说到中国的核潜艇，不能不提到黄旭华。建国初期，我们的国防基础并不坚固，国家主权常常遭受美苏等大国的威胁，处境堪忧。为了快速提升国防实力，领导人决定启用核潜艇研究计划。这是一项绝密的军工项目，参与进来的科学家必须切断与外界的联系，才能确保整个研究万无一失。当领导找到黄旭华时，他没有说什么，默默加入了核潜艇研究的行列。从此，他与家人分别几十年，只能通过书信的方式，告诉家人自己还活着，至于手头从事的工作，则绝口不提。黄旭华“牺牲小我”，却“成就大我”，在几十年的时间考验中，书写了科技工作者对国家的无上忠诚。心中有国家，岁月自无涯！

双眼望苍穹，脚下路途通

2021年，许多社交平台转发了中科院黄国平博士的论文致谢辞，文字质朴，感情真挚，引得无数读者热泪盈眶。他面对命运的作弄和长时间的磨难，却从未放弃心中的梦想。他的家境可以说是一贫如洗，如果不是内心极其强大，分分钟就会被现实击倒。雨夜读书做题，冬天单衣上学，夏季捕捉黄鳝……偏偏父亲又是个嗜酒如命的人，把他辛辛苦苦卖黄鳝赚的钱，拿去沽酒。可以说，如果不踮起脚，他很难看到生活的璀璨星空。但所幸他的选择是正确的，坚持把书念下去，然后走出去，一路过关斩将，终得贵人相助，以优异的成绩于 2017 年取得中科院工科博士学位，现就职于腾讯人工智能实验室，成为业界大牛。双眼望苍穹，脚下路途通。

樊家女豪杰，守护敦煌月

敦煌研究院名誉院长樊锦诗女士，将自己的青春华年都奉献给了荒漠边陲的文艺宝库，在长达四十多年的艰辛岁月里，她手摩经卷，心连明月，让一件件古老的文物得以熠熠生辉，也把自己写成了一首绝美的长篇叙事诗。樊锦诗 1963 年毕业于北京大学考古学专业，那个年代的大学高才生是稀缺资源，北京、上海的用人单位纷纷向她抛出橄榄枝，她权衡再三，内心那个声音总在呼唤：文化的传承比任何事业都重要。她义无反顾地踏上了那条黄尘古道。多年以后，她的研究成果亮相学界，其本人也先后被国家授予“改革先锋”、“最美奋斗者”、“感动中国 2019 年度人物”等至高荣誉。樊家女豪杰，守护敦煌月。

黄旭华因为崇高的家国情怀，所以在时间的守望中，将自己的品格熔铸成了共和国丰碑的底座；黄国平因为强大的奋斗意志，于是在时间的磨砺中，将自己的才学皴染成了弄潮儿旗帜的色素；樊锦诗因为高洁的文化使命，将自己的勤勉镌刻成了敦煌石窟壁画的线条……

我们品读这些人物的故事，也是为了警醒自己，不能因为阶段性的失利，就心灰意冷，一蹶不振，而是要重整旗鼓，吹响号角，将所有的苦难都化为高中阶段追求新的诗与远方的动力。如果遭遇挫折，请不要泄气，只要坚持下去，在与时间掰手腕的比赛中赢过它，就是最棒的奇迹。我们要记住一个真理：命运不会偏袒谁，但他会特别眷顾那些矢志不渝的人。

理想点亮人生

刘春石

谈到理想这个话题，既沉重又鲜活。或许有人会说，在战争年代，革命前辈们需要崇高理想来战胜敌人；今天我们生活在太平盛世，中华民族早就摆脱了苦难的深渊，年轻人还需要理想吗？回答当然是肯定的。我们所处的时代酷似一列以互联网科技为引擎、以全球化和网络化为前方站点的高速列车，车上的乘客稍有不慎，即会被甩出车外。面对这种变局，我的选择是：心高存理想，踏路上前程！

高擎理想火炬，追求天下公义

理想，顾名思义，就是对人生、社会、世界的合理想象。理想是美好的，它催人奋进，使人拼搏，让人高尚。保尔·柯察金说过："一个人的生命是应当这样度过的：当他回首往事时，他不因虚度年华而悔恨，也不因过去的碌碌无为而羞耻——这样，他在临死时就能够说：'我整个的生命与精力，都已献给世界上最壮丽的事业——为人类的自由解放而斗争。'"

少年时代的周恩来，目睹国家濒临破灭的现实，早就在内心深处播下了为国献身的种子。在他才12岁的时候，在私塾读书，老师向全体同学提问，大家读书的理想是什么。有人说赢取功名，光宗耀祖；有人说，经营商贾，富甲一方；有人说，冠盖交集，身倾天下。唯有周恩来站起来不卑不亢地说，为中华之崛起而读书！这个志向，至今仍被后人仰望！我们当高擎理想火炬，追求天下公义。

紧握理想舵把，笑对汹涌波浪

俗话说得好——不经一番寒彻骨，哪得梅花扑鼻香。我们确立的理想，不可能轻而易举就达到，否则就失去了奋斗的意义。它就如闪耀苍穹的星辰明月，时刻在前头召唤着我们。孟子说过：“故天将降大任于是人也，必先苦其心志，劳其筋骨，饿其体肤，空乏其身，行拂乱其所为，所以动心忍性，曾益其所不能。”我们既要放下不切实际的妄想，也要抛弃坐享其成的空想，更要杜绝一帆风顺的幻想。唯有脚踏实地，坚持拼搏，准备斗争，才能获得尊严。

2018 年 12 月 1 日，华为副总裁孟晚舟遭到非法拘禁。这是美国一手策划的政治阴谋。当记者采访任正非，对于孟晚舟被拘押有何看法时，任正非红着眼眶说：“我已经做好了一辈子不见女儿的打算!”他宁愿与至亲分隔，也绝不向美国认输！正是中国政府的不懈努力，以及华为不惧与强权交手的硬气与坚持，才使孟晚舟回国。我们当紧握理想舵把，笑对汹涌波浪!

奔向理想光源，不断提升自我

目前，中国已经成为世界第二大经济体，人民生活基本实现小康，社会上新生事物层出不穷，虚拟网络与现实世界交互共生，在这样一个高歌奋进的时代，如果我们青年一代没有理想担当，就容易迷失方向，就容易被这个时代所遗忘，就容易失去参与改革发展与推动社会进步的机会，最终就无法成为这个新时代的主人，怎么办？唯有以不变应万变，让自己的道德与学识齐头并进，才会成为最美的弄潮儿。

海伦·凯勒是美国著名作家、教育家。在她才 2 岁的时候，由于罹患猩红热，丧失了听觉与视觉。尽管命运露出了狰狞的面目，但她并不想向命运低头。她曾经也偶尔想放弃，可是亲人给了她力量，她变得更加坚强，学习美式手语，尝试去写作。她凭借自强不息的精神，感动了许多人，受到格罗弗·克利夫兰总统的接见。她顽强不屈，创作多部小说，并翻译了很多世界名著，成为一代文学巨匠。我们当奔向理想光源，不断提升自我！

千里之行，始于足下，让我们从现在做起，一步一个脚印地去努力，去拼搏，去积累；让我们接过父辈们的担子，扛起建设中华的责任，插上理想的翅膀，扬起青春的风帆，谱写璀璨的人生！

培养从容心态， 耕耘优雅人生

邓俊杰

每个人都希望自己拥有成功的人生，可以圆梦、实现价值，但是这需要许多条件的支撑，除却强大的实力，机遇的把握、时代的环境、个人良好心态的培养，也都特别重要。

一转念，四季皆春

纷繁尘世，千姿百态，喜怒哀乐，荣辱祸福，对于这些光怪陆离现象的评价以及由此而产生的细腻微妙的感受，全凭你自己以怎样的尺度去衡量：如果用健康、积极、欣赏的态度去对待事物，你会觉得一切都是那么美好；如果你用挑剔、鄙夷、悲哀的态度去判断事物，你会觉得一切都是那么丑恶。你要享受怎样的生活，全凭自己拥有怎样的心态，而心态是要靠自己去培养、去掌握、去调整的。

我曾经读到过这样一则故事：一位老太太有两位女儿，大女儿专门卖雨伞，小女儿经营洗衣坊。可是这位老太太每天都是忧心忡忡——艳阳高照的日子，她担心大女儿店里的雨伞没有销路；阴雨绵绵的季节，她又忧愁小女儿坊中的衣服不能晾干。后经高人指点，她每天都笑容满面。雨天，她恭喜大女儿店里的雨伞卖得火爆；晴天，她祝贺小女儿坊中的衣服晾得干净。可见，生活中很多现象都是辩证的，只要转念回想，一切依然美好！

一微笑，三生皆暖

成功与失败并存，希望与失望相伴。当我们调整好自己的心态，时刻保持健康向上的热情，我们就成功了一半。只要战胜自己这个最大的敌人，我们就是生活中的勇者。对于历史上那些杰出的人物来说，他们在千百次的失败中磨炼出来的心态，不仅帮助他们自己走出了绝望与沮丧的阴霾，更如一座座精神灯塔，照耀在人生长河中乘风破浪的人们，冲破现实力量的约束，获得自由平和的心灵，奔向光明璀璨的前途。

苏轼在《自题金山画像》中饱含深情地说道：“问汝平生功业，黄州惠州儋州。”由于“乌台诗案”的牵连，苏轼从北宋的政治中心开封，被贬黄州，次被贬惠州，再被贬儋州，尽管备尝艰辛，但他的人生得到了完美的升华。他咏出“人生如梦，一樽还酹江月”的哲理；在惠州他爱美食，“日啖荔枝三百颗，不辞长作岭南人”；在儋州他嗜生蚝，写信给儿子说“无令中朝士大夫知，恐争谋南徙，以分此味”。他的乐观幽默，温暖了读者。

一笃定，百代皆仰

对于个人来说，良好的心态至关重要；对于团队来说，振奋的士气同样重要。现实环境不可能永远温顺柔情，当它突然变得暴戾诡谲时，要跨过生活的障碍，必须依赖坚定的信仰。当我们树立起一种信仰时，再次面对一切不如意的事情，我们可以积极主动。从更加宏大的历史视角来看，一切都会过去，没有什么能永远阻拦住我们前进的脚步。就信仰来说，越笃定就越超然，越超然就越幸运。

土地革命时期，因中共中央的博古、李德等人犯了“左”倾冒险主义的错误，红军被迫开始长征。长征途中危机重重，道路坎坷。面对国民党的围剿追杀，红军只能一路北上，面对广阔无垠的草原，冰冻酷冷的雪山，他们没有丝毫畏惧，始终坚信前途是光明的。虽然陕北会师以后，红军人数锐减，但他们都是精英中的精英，不仅身体素质异于常人，政治思想也更加可靠，成为革命事业的中坚力量，也成为中国人仰望的精神坐标。

朋友，请记住我的忠告：培养从容心态，耕耘优雅人生。当我们的心态对了，便离成功不远了。愿我们都能从成功中总结经验，从失败中汲取教训，破解成功的密码！

强弱非天定，勇者自修为

赵盛

早在1917年，毛泽东便在《新青年》杂志发表《体育之研究》一文，文中提出了“文明其精神，野蛮其体魄”的深刻论断。毛泽东由人类身体强弱变化的现象，揭橥国家命运沉浮交替的规律。他指出，“目不明可以明，耳不聪可以聪”，勉励人们发奋锻炼。此外毛泽东还强调：“生而强者不必自喜也，生而弱者不必自悲也，吾生而弱乎，或者天之诱我以至于强，未可知也。”毛泽东从体育运动切入，将观察的目光触及宇宙历史的嬗衍，揆诸历史与现实，若合一契。

生而弱者乎？黾勉足刚强

在中国现当代文学的名家榜单中，沈从文绝对是重量级的“大神”。但是沈从文的成名道路，并非一帆风顺。沈从文只有小学文化，在西南联大教书时期，刘文典以与他同事为耻。当敌机轰炸、师生逃难时，沈从文被刘文典嘲讽道：“我奔跑是要保留国家文化命脉，你沈从文奔跑是为了保住自己的小命吗?”面对他的非难，沈从文只是微微一笑。后来学校要晋升他为教授，在讨论会议上有人直接遏止：“小学毕业的沈从文都要当教授了，那我岂不是要做太上教授了?”这些话传到沈从文的耳朵里，他毫无芥蒂，仍然专注于自己的写作，多年以后，他的《边城》等著作为他赢得巨大的声誉。生而弱者乎？黾勉足刚强。

生而强者也？逞暴渐息亡

众所周知，秦国在统一中国以前，仅有方寸贫瘠之地，却凭着商鞅变法，不断开疆拓土，卒与六国争霸天下，由弱而强，最终定鼎中原，成就大秦帝国。然而后来的发展历程，却应了毛泽东的论断——生而强者如果滥用其强，即使是至强者，最终也许会转为至弱。我们读历史知道，曾经威风凛凛、号令八方的大秦王朝，仅仅耀武扬威了十余载，便毁于秦二世之手。对于秦国君主，历代史家皆以“残暴酷虐”目之，身死国灭，为天下人耻笑。曾经煊赫一时的大秦帝国，谁曾料到在被“揭竿为旗，斩木为兵”的戍卒陈胜、吴广首难攻击以后，就兵败如山倒呢？从秦帝国的断壁残垣上走过，我们内心泛起阵阵涟漪。生而强者也？逞暴渐息亡。

强弱互更替，行义自恒存

翻看一部写满侵略与反侵略主题的中国近代史，我们惊讶于大清王朝的闭关锁国，我们也错愕于太平天国的决绝挣扎，我们更叹服于仁人志士的艰苦求索。自1840年开始，中华大地上便充满了苦难与泪水。被蒸汽与电力带动起来的西方列强，在神州大地上肆意蹂躏，疯狂践踏，犯下滔天罪行。我们的国家，一度柔弱到了极点，被冠以“东亚病夫”的绰号。然而，时间转到1949年，中国发生了翻天覆地的变化，社会主义的各项建设，开展得如火如荼。迨至今天，我国已经成为世界第二大经济体，“人类命运共同体”的理念也受到大多数国家的热烈拥护，更跻升为令英美等国敬而畏之的东方仁义大国。强弱互更替，行义自恒存。

每次考试成绩揭晓后，同学们都是“几家欢喜几家愁”。有些同学可能成绩暂时落后一些，但请不要妄自菲薄，因为它并不代表着你将来所能达到的高度；有些同学的成绩也许暂时领先，也请不要狂妄自大，因为它不表示你未来就可以顺风顺水。展望未来，我们的道路仍很漫长。我们只有将强弱互相转化的辩证法思想领悟透彻，才会在自己的人生实践中不至于迷失方向。只要你肯努力，曾经的毛毛虫终会破茧成蝶；只要你肯坚持，曾经的草原狮，终会长啸林泽。李白曾说，“仰天大笑出门去，我辈岂是蓬蒿人”，愿每一位不向生活妥协的人，都能够怀着冲天豪气，镇地才气，遏云锐气，在新的人生征途中书写绚烂的青春篇章！

唯有奋斗，方能取胜

陈云峰

奋斗，这是一个在生活中十分常见的表述。大家回想一下，无论是我们的家长、老师还是周围的同学，他们都在强调着要奋斗，要奋斗，只有奋斗才配拥有美好的人生。话虽如此，有的人会对此感到迷茫：“为何要奋斗，如何去奋斗？奋斗有用吗?”对于以上这些问题，我来说说自己的看法，借此抛砖引玉，希望同学们各抒己见，达成共识。

奋斗，勇者的通行证

人生长路，不可能是一帆风顺的！年少时，我们因为成绩而困扰；年轻时，我们因为事业而困惑；壮年时，我们因为子女而困顿……正因为如此，我们才要去奋斗，为了成绩而去奋斗，为了事业而去奋斗，为了子女而去奋斗！在奋斗中，才能向世人证明自己的能力，得到应有的尊重，赢得生活的温柔。当我们拼尽全力去奋斗时，自己的人生才变得圆满，生命的意义就此升华，价值得到实现！所以，奋斗是勇者的通行证！

2020年初，新冠疫情暴发，为了全国人民的生命安全，钟南山爷爷在抗疫一线努力奋斗，广大医疗工作者在各个岗位努力奋斗，全国的人民群众“宅”在家里，也在努力奋斗！那些逆行的最美面孔——武警官兵，政府官员，医疗专家……他们如同天使一般，为了华夏的和乐安康，面向黑暗，守护光明，成就自己，拯救苍生。从2020年初至今，这些天使在书写着奋斗的诗篇！“待到山花烂漫时，她在丛中笑。”这可能就是奋斗的意义所在！

奋斗，智者的引擎器

万物并行，皆遵其法。究竟如何奋斗才会出彩？最根本的就是要明确目标。船要靠岸，就应先找到归属的码头，人要进步，就应先找到奋斗的目标。2021年10月16日，“神舟十三号”载人飞船发射成功，登上太空的三名航天员均出身于寒门，他们没有妄自菲薄，有的只是满腔为国效力的豪情壮志。他们不仅有奋斗之目标，还有奋斗之智慧，更有奋斗之硕果！艰苦奋斗，便是他们从寒门子弟一路攀登到国家栋梁的根本原因！

9月末，孟晚舟在被非法囚禁千日后，终于得以归国，美帝国主义的“如意算盘”也就此破灭。这是孟晚舟父女，乃至中国政府、全体民众共同奋斗的结果。孟晚舟深明大义，在自己有可能遭受终身监禁的情况下，为了华为的利益，为了国家的尊严，她宁为玉碎、不为瓦全！从“神舟十三号”航天员到华为副总裁孟晚舟，都心怀国之大者，他们把“奋斗是智者的引擎”作为座右铭，在时代大潮中激起绚丽的浪花！

奋斗，仁者的启明星

奋斗的道路十分漫长曲折，如同穿越一片沙漠，饥渴之时难进饮食，危险之时没有保护，绝望之时不见绿洲；而让我们始终坚持在奋斗路上的，则是空中那美好而遥远的如同海市蜃楼一般的梦想，看似近在眼前，实则相隔万里，看似虚无缥缈，而又是真实存在。正因如此，要想达到梦想，必须努力奋斗。就算暂时跌倒，也要勇敢站立起来，不要停在原点，或许下一站就会春风拂面，晴空万里！因为，奋斗是勇者的启明星！

李大钊先生说过：“以青春之我，创建青春之家庭，青春之国家，青春之民族，青春之人类，青春之地球，青春之宇宙，资以乐其无涯之生。”正值青春年华的我们，要以奋斗之姿势面向世界，要以奋斗之面貌回报祖国，要以奋斗之态度造福人类！为人生奋斗，为家庭奋斗，为国家奋斗，乃至为人类的解放事业而奋斗。将来的世界，一定是属于我们青年人的，请相信，努力奋斗，方能取胜！

综观历史，展望未来，我们遇上了一个千载难逢的好时代，14 亿多中国人都有出彩的机会！且让我们牢记青年人的使命，不忘青年人的初心，努力奋斗，奋发作为，谱写人生的璀璨华章！

心怀爱国主义，成就璀璨人生

张博

孙中山说："历史潮流，浩浩荡荡。顺之者昌，逆之者亡。"揆诸历史，其理甚明。两百多年前，由于清朝奉行闭关锁国的愚昧政策，导致曾经领先全球的华夏文明逐渐落后于世界进步潮流，曾有过汉唐盛世的泱泱大国，自1840年起，竟逐步沦为帝国主义嘴边的大肥肉。然而，今天的中国早已巨龙飞腾，雄狮苏醒，国势煊赫，独步寰宇。这样的成就，无不得益于一代又一代拥有爱国主义品质的优秀华夏儿女，心怀爱国热情，追求辉煌梦想。

革命时期，无数英雄志士为了民族的独立自由出生入死。从"苟利国家生死以，岂因祸福避趋之"的林则徐，到"我自横刀向天笑，去留肝胆两昆仑"的谭嗣同；从"铁肩担道义，妙手著文章"的李大钊，到"青春换得江山壮，碧血染将天地红"的赵一曼；从"敢教日月换新天"的毛泽东，到"两把菜刀闹革命"的贺龙……正是因为他们心怀爱国主义，敢于顽强拼搏，每次遭遇挫折，他们都会前赴后继，愈挫愈勇。1949年，新中国成立了，中国人民迎来了"站起来"的伟大跨越，中华民族的历史也翻开了新的篇章。

新中国成立后，亿万仁人志士为了祖国的繁荣昌盛添砖加瓦。从不顾腿伤跳入油井的"铁人"王进喜，到扎根基层、一心为民，荣膺"党的好干部"称号的焦裕禄；从为新中国核潜艇的研发而隐姓埋名几十年的黄旭华，到为"一粒种子救世人"梦想而不懈奋斗的袁隆平……祖国在科技层面取得的伟大成就，很大程度都源于他们的辛勤付出。这些前辈胸怀爱国主义，在祖国的无垠疆土上默默奉献。他们在危难时刻站得出来，于关键时刻豁得出去，是中华民族的铮铮脊梁。

改革开放后，多少青年壮士为了社会的进步发展奉献才智。自邓小平以“天行健，君子以自强不息；地势坤，君子以厚德载物”的精神实行改革开放的政策以来，神州大地的爱国才俊代不乏人。从拒绝哈佛橄榄枝毅然回国教书的韦东奕，到放弃大城市工作机会，甘做扶贫村干部的黄文秀；从坚挺身躯智斗豺狼，一袭艳红乘机回国的孟晚舟，到为祖国设计长征二号F火箭并使其成功发射的容易；从埋头于研究室发现石墨烯超导性能的天才少年曹原，到不顾公司运营艰难慷慨捐款五千万援助河南洪灾的鸿星尔克总裁吴荣照……他们言行卓荦，志存高远，爱国主义已经深入他们的骨髓。

今天，我们生活在新时代，沐浴东风，润泽春阳，享受国家和平发展的红利，我辈青年更要传承、弘扬和践行崇高的爱国主义精神，学习先进人物，掌握文化知识，顺应时代洪流，成就璀璨人生。

以梦为马，不负韶华

陈文玉

韶华，顾名思义，即最美的年华，也就是我们的青春时光。如果一定要用一个词语来定义青春的全部内涵，我觉得“理想”最为恰当。

点燃理想光源，照亮人生道路

在文人墨客的笔下，青春岁月匆匆易逝，时间长河奔腾不息；然而青年的理想却无比炙热，高悬心头。翻开斑斓的史册，有些人能够成为精神光源，照耀千百年后的人们，使其跨越障碍，愈挫愈勇，全在于他们拥有高远的理想，给后人提供前进的动力。现在的我们正值青春年华，只要呵护好理想的小苗，给它浇水施肥，它终会长成参天大树。但是，理想的实现并非易事，它往往需要经历一个漫长的过程，唯有百折不挠，方能不负青春！

确立理想，是实现目标的基础。习近平总书记曾经说过：“青年一代有理想、有本领、有担当，国家就有前途，民族就有希望。”习近平总书记的箴言，给我们高中阶段的学习生活以深刻启示。我们应当早立志，立大志，立长志。许多人说，我现在才高一，时间还早，不用着急。可是，等到高中三年过去了，你仍然连一个像样的志向都没有，在填报高考志愿时，胡乱选择专业，往后的人生，大概率也只能浑浑噩噩地度过。

撑篙奋斗小舟，摆渡灵魂彼岸

梦想确立以后，我们就要去追逐梦想。青年追梦，与农民在干涸且贫瘠的土地上挥洒热血、流淌汗水的过程是一样的。如果以武人引弓拉弦的形象打比方，我们“修身以为弓”，加强道德修养，端正思想信念；我们

“矫思以为矢”，根据现实情况，不断调整目标；我们“立义以为的”，投身时代洪流，报效社会国家。只有这样，才能实现理想，做“仰不愧于天，俯不怍于人”的时代青年，以马不停蹄的努力，踏上浩瀚无垠的沃土。

艰苦奋斗，是圆满人生的途径。“最美翻译”张京从小立志做一名外交官，她的梦想不是空谈。她从初中开始就踊跃参加各类英语演讲比赛，高二时，她拿到奖学金后便去英国游学，直接用流利的英语与英国人交谈。更厉害的是，她的高考分数早已超过了清华北大的录取分数线，换作一般人，早就选择了任何一所顶尖高校就读；可她没有，她选择了外交专业更强的中国外交学院。现如今，张京已经成为一名优秀的外交官。唯追梦，最少年！

培养家国大爱，绘就青春华章

生在红旗下，长在春风里。我们的民族，从来就有埋头苦干的人，也有无私奉献的人，更有舍生取义的人。从冲破美国阻挠回国献身国防事业的钱学森，到淡泊名利坚守最后一片文化净土的樊锦诗；从顾全大局、勇炸碉堡而名垂史册的董存瑞，到以一句“清澈的爱只为中国”让国人泪目的陈祥榕……他们的感人事例无不告诉我们，只有将个人理想与国家利益相结合，让自己与时代的发展、社会的进步同频共振，才能实现自己的人生价值。

家国情怀，是净化生命的甘泉。说到青春、理想与奋斗的话题，习近平总书记的那段话总是回荡在耳边，鼓舞着人心：“青年一代有理想、有本领、有担当，国家就有前途，民族就有希望。”

纵横对比，认真忖思，我们赶上了前人梦寐以求的好时代，只要你热爱祖国，拥抱时代，追逐梦想，努力奋斗，一定会收获幸福的人生！白首壮心观大海，青春浩气望高山！愿我们青年人以追梦之光照耀前路，以摘星之才振兴中华！

以梦想之花，开圆满之春

石金珍

梦想，是人们追求的崇高目标，它犹如高擎在深夜里的一盏灯塔，照亮着我们前行的道路。我们热情地歌颂梦想，是因为它赋予了人们奋斗的不竭动力。当代社会价值多元化，各种诱惑和挫折都会横亘在青春的各个关隘，让我们不那么容易实现梦想。但是身为新时代的年轻人，如果不能在这个千古难遇的年代里有所建树，实现梦想，未免让人感到惋惜。我觉得，只要认识到位，不管有多少艰难困苦，都不能阻碍我们奔向梦想殿堂。

心忧天下，泽被苍生

他有两个梦想：一个是“禾下乘凉梦”，另一个是“杂交水稻覆盖全球梦”。众所周知，拥有这两个伟大梦想的人，就是袁隆平院士。他终生试验于稻田，思考于稻田，最后成就于稻田。二十世纪五六十年代，全国性的大饥荒带走了无数人的生命，正值青年的袁隆平目睹了这场悲剧，便下定决心要用先进的农业科技战胜饥饿。他相信科学，不迷信权威，面对外界的质疑，他只是一门心思研究杂交水稻。当杂交水稻在中国已经被广泛引种时，他又开始把目光投向全球其他地区，希望那里的人们也能播种杂交水稻，提高产量、远离饥馑。袁隆平院士能够实现梦想，在于心忧天下，泽被苍生。

长养兴趣，坚持不懈

俗话说：“水滴石穿，非一日之功；冰冻三尺，非一日之寒。”《茶经》的作者陆羽，刚开始的人生道路，并不那么顺畅。陆羽早年是个孤儿，被好心的师父收养在寺庙，可是他却不喜欢终日诵经念佛，只喜欢吟诵诗书。面对枯燥乏味的青灯古佛，他曾经想要下山求学读书，却遭到了禅师的反对。无奈，他只有靠学习茶艺来打发无聊的时间。苦心人天不负，他得到一位老婆婆的茶艺真传，还从她那里学会了不少读书做人的道理。禅师看到他的进步，终于准许他下山继续深造茶艺。后来，陆羽又在生活实践的基础上不断总结提升，才撰写出巨著《茶经》，将中国的茶文化发扬光大。陆羽能够实现梦想，在于长养兴趣，坚持不懈。

燃尽残烛，光暖他人

最近，一位年仅21岁名叫欧阳忻怡的武汉女孩，以体面的方式向这个她曾深爱的世界告别，并把最后的温暖给了他人。她是一个喜欢参加公益活动的女孩，朋友圈都是她帮助他人时绽放的笑容，温暖如春。可是，癌症并没有放过她。她临走前告别、交代家人，自己已经签好了器官捐赠协议，她愿意把自己的器官献给需要它们的人。她的一对眼角膜，使一个2岁的女婴和一名43岁的女士重获光明。如今，以器官捐赠的形式继续关爱这个世界的国人越来越多，当无情的命运截断了生命的行车道，他们并没有表现得特别悲观，却以这样的方式，赢得世人的尊重。“欧阳忻怡”们能够实现梦想，在于燃尽残烛，光暖他人。

其实，我们每个人的心中都有一束向阳而生的玫瑰，对于那些积极阳光的人来说，尽管周边环境荆棘丛生，也要让它开得耀眼。莱昂纳德·科恩曾说：“万物皆有裂痕，那是光进来的地方。”实现梦想的道路并不平坦，我们需要从道路的裂缝中跨过去，才能走出生命的阴霾。请点亮你心中的那束光，在向梦想的远方挺进时，手持梦想之花，开出一个圆满的春天！

掌握学习方法，编织锦绣前程

周渝程

在现实中，很多同学往往非常努力了，但效果不尽如人意。在这篇文章里，我想围绕“掌握学习方法，编织锦绣前程”谈谈自己的看法。众所周知，拥有科学的学习方法，具备自信的学习态度，置身安静的学习环境，往往能使我们更加轻松自如地应付繁重的学业，以事半功倍的效果取得优异的成绩。我们也读到过不少成绩差的同学逆袭的案例，他们无一不是在掌握了科学的学习方法后，才取得优异成绩进而受人敬仰的。然而，正如世上的道路有千万条一样，学习方法也多种多样，究竟哪些方法最适合我们呢？

邓小平同志曾经说过，“黄猫、黑猫，只要捉住老鼠就是好猫”。换一个说法，不管它是张三熟络的思路，还是李四方便的技巧，抑或是王五热爱的窍门，只要能助力我们的学习，就是优秀的方法。习近平总书记也有过类似的表述：“鞋子合不合脚，自己穿了才知道。”有些同学在初中阶段成绩优异，到了高中以后，明明努力学习，成绩却在班级垫底；另外一些同学，平时看起来不甚用力，但在关键时刻却可以一鸣惊人。这些区别，都是由是否掌握了科学的学习方法而决定的。我认为，科学的学习方法包括如下三个方面。

带着目的去预习

预习课文，架构合理的知识结构。高中课程内容比初中课程要深很多，每节课只有40分钟，很多时候，老师只是在课堂上提纲挈领地讲解知识精髓，该如何快速地跟上老师的节奏呢？我认为比较大众并且比较好用的方法就是课前预习。我们的自习课设置较多，对于老师要讲的内容，每天课前可以多几分钟的时间去充分准备，了解、熟悉老师接下来要讲的知识点。比如文言文，我们需要找出文中涉及的文化常识、文言实词、文言虚词；再比如数学，可以预习会讲到的公式，将以前的公式定理进行迁移运用。通过预习课文，合理的知识结构就架构起来了。

怀着激情去思考

思考难题，解决学科痼疾。孔子曰，学而不思则罔，思而不学则殆。由此可见思考在学习中的重要性。我们在刷题时，遇到难题一定要先自己思考，实在不会的再去找别人请教、解决，一定要有冥思苦想的过程。千万不要刚看到一个难题，才粗浅地想了几下，可能自己都还没搞懂题目的意思，就心急火燎地去找同学帮忙，这是一种特别不好的态度。当然，在刷题过程中，我们也要重视团队协作，带动自己所在的小组成员，共同享受思考的喜悦。通过思考，将以前学的知识点串联起来，打通学科壁垒。比如，学习文言文，会联想到历史科的知识点；学习物理，也会运用到数学科的知识点。通过思考难题，学科痼疾就被“治愈”了。

揣着梦想去践行

践行复盘，打造精美的文化园地。当然，掌握科学的学习方法并不是一句空话，说起来容易，做起来难。昨天成功并不代表未来能够永远成功，但在当下，我们若不努力便永远不会创造奇迹。今天手臂上流淌的汗水与未来脸庞上滴落的泪水，你永远只能选择一个。我们要去践行，践行复盘便是其中一个最好的途径。所谓的复盘，便是从过去走过的道路中汲取教训，总结经验。比如英语考试不理想，到底是单词量太少，还是语法不明白，又或者是听力不达标，都要具体问题具体分析，再列出行之有效的对治举措，只要久久为功，一定会迎来胜利的曙光。通过践行复盘，精美的文化园地就打造出来了。

因此，从现在开始，让我们掌握科学的学习方法，焚膏继晷，奋起直追，直臻“大鹏一日同风起，扶摇直上九万里”的境界，做自己世界的国王。

精练深思巧问， 攀登学业高峰

雷可为

光阴似箭，日月如梭，转眼间，我们进入高中生涯已经两个多月了，可以说，高中阶段是人生学业中最关键的时期，也是最艰苦的时期，高中学业成绩的优劣，关系到你未来人生状态的顺逆。我们都知道，要想以后少吃苦，甚至不吃苦，就得现在多吃苦。可我们同时也都深有体会，有时并不是努力付出了，就会有符合预期的收获。

进入正题前，我想讲两个小故事：甲同学在初中是数学尖子，每次考试都能接近满分。可到了高中，甲同学的数学成绩陡然下降，一张 150 分的卷子竟然只能得 90 分左右；小明同学到了高中，每天勤学苦练，课后时间都被他用来学习；小刚同学虽然没有像小明同学那样刻苦，但是每次月考成绩放榜，小刚同学的成绩居然超过了小明同学。

为什么会出现上述迥然不同的情况呢？我觉得有这么几个原因：一是高中阶段的课业内容实在是比初中阶段艰涩太多；二是很多同学只是表面努力，实际上却没有找到适合自己的学习方法；三是不少人没有养成总结思考的习惯。那么，我们究竟要如何去做，才能找到适合自己的学习方法呢？根据我个人的学习体会，我想向大家分享以下几点建议。

构建思维框架，俯瞰知识星河

我们都知道，上图书馆找书非常轻松，因为里面所有的图书都是按类别摆放的，所以我们查找起来特别方便。如果将那些书籍杂乱无序地堆放，要从中找出一本书来无异于大海捞针。知识亦是如此。高中需要背诵的知识点特别多，如果我们只会零散地记忆这些知识点，每逢考试，你就会发现自己解决难题的思路混淆不清，因此，我们得学会构建思维框架。

高中学科的很多知识点都有关联性，我们要善于有序地梳理，才能总结出做题良策。

每学完一个章节，我们都应该建立一个知识框架，将知识点进行串联迁移，并且用树状图的形式表达出来，直到将所有的知识点都概括出来。有了知识树状图，我们就可以根据它将考到的知识点对号入座。当这个步骤完成了，你会发现考试中将很少碰到自己不会做的题目。如果你不会画知识树状图，可以请教老师或参照教辅书籍。不过要注意，最后的总结步骤，必须自己独立完成，这样才能构建别具一格的思维框架。

整理错题笔记，培养复盘习惯

所谓“复盘”，就是有针对性地回查以前的试卷，在错题中汲取教训，在得分中总结经验。复盘习惯不是一天两天就能养成的，那么该如何去逐步培养呢？我们可以通过整理错题笔记本，看看自己在哪些题型上容易掉坑，争取下一次不再犯错。很多同学认为，抄笔记和记错题浪费时间，我们应该把学习重点放在教材攻关上，像这种麻烦的工序可以临时借助工具书来完成。这种做法是错误的。正确整理错题，对提高学习成绩很有帮助。

整理错题本，又分两种情况。其一，如果错题的解题方法在曾经绘制的知识树状图里，只是由于自己没有想到而遗憾失分，那么我们可以给这种方法打上着重符号，定时恶补这个方法。其二，对于那些一眼就能看出解题思路的错题，我们便可以从错题本中将其删掉。但是对于那些依旧很生疏的解题方法，我们要谨记于心，时时背诵、思考、总结，直到不再丢分。慢慢地，这种方法就会被你运用得游刃有余，屡试不爽。

尝试高效刷题，坚持阶段总结

我们都知道，题目是做不完的，但时间又是有限的，我们如何利用有限的时间，去刷无限的题目呢？我们在刷题的时候，应该拒绝盲目刷题，那种一味地搞题海战术的做法，对提升考试成绩的作用不是很大。因此，我们可以在书店购买一些口碑较好的套题用来练习。此外，学而不思则罔，思而不学则殆，我们做题以后不能光对答案，还要弄懂它的解题思路，只有将它的解题技巧掌握了，这种练习对我们才真正有用。

对于高中生来说，我们每个月都有联考，这是检验自己的学习方法是否适用的最佳时刻。在考试前，我们要给自己定一些小目标：总分多少，各科分数多少，班级排名和年级排名应该达到什么样的位次……这些数据越详细越好。当你还达不到阶段目标的时候，就会主动去总结，哪些环节还有欠缺。慢慢地，你会觉得努力对你很有意义，你会愿意克服学习中遇到的坎坷，你会有沉甸甸的获得感。希望大家都能找到自己的学习方法，三年寒窗学有所成！

少年必自强，生命谱华章

刘涵

有句话说得好：不经一番寒彻骨，哪得梅花扑鼻香。唯有历经磨难的人，他才懂得成功的真谛。孟子在《生于忧患，死于安乐》中写道："故天将降大任于是人也，必先苦其心志，劳其筋骨，饿其体肤，空乏其身，行拂乱其所为，所以动心忍性，曾益其所不能。"这句经典，我们每个人都能够背诵出来，但是，你愿意成为这样的人，接受这样的"大任"，做一个自强的少年吗？

潇洒直面风雨，提澌生命境界

如果要我评出自己最佩服的人，我觉得当属尼克·胡哲。他天生没有四肢，从小受尽嘲讽，就当他要轻生的时候，被父母及时救下，重新开始生活。他以不懈的努力，读到大学毕业，在求职应聘那会儿，却被许多企业无情地拒绝。后来，他说服面试官，给他几分钟的时间进行演讲。尼克·胡哲虽然身体残疾，但站在讲台上的那一刻，他完全绽放了自己，以极强的个人魅力赢得了公司的青睐。再后来，尼克·胡哲成为一名资深演讲家，在全世界各地传播自强不息的火种，并且出版了多本关于励志的书籍。他还热衷于从事慈善，将一手烂牌打得异常精彩。只有潇洒直面风雨，才能提澌生命境界。

积极拯救贫弱，提高灵魂层次

近年来，张桂梅这个人物形象，正走进亿万国人的心中。一位已经年过六旬，身患 20 多种疾病的老人，矢志扎根大山深处，办起一所免费女子高中，把将近 2000 名女孩子送进了大学，使她们摆脱了贫困的泥淖。

她的存在，让我们看到了教育的神圣。云南省丽江市华坪县，原本是国家级贫困县，这里交通落后，观念封建，信息闭塞，很多女孩子早早嫁人，又重新陷入贫病交加的深渊。张桂梅决定要豁出去，她克服险阻，四处“化缘”，终于感动了爱心人士，一所免费的女子高中在山里矗立起来了。张桂梅培养出的女学生，有些考入了“985”、“211”大学，成为国家栋梁。积极拯救贫弱，才能提高灵魂层次。

勇敢亮剑强敌，提升事业价值

任正非这个名字，想必我们都不陌生。作为华为公司的总裁，他历经苦难，几番沉浮的创业事迹，足够振奋我们的精神。任正非早年就读于重庆建筑工程学院，毕业后响应国家号召入伍。20 世纪 80 年代，他下海经商，由于经营不善，背负了巨额债务。他创立华为公司的时候，条件非常简陋，前几次产品研发均告失败，但是最终他挺过来了。他掌舵的华为，现在是全世界很有影响力的企业。任正非最令国人敬佩的地方，在于他敢于与美国对抗，毫不屈服。美国为了保持自己在高科技领域的绝对领先地位，对华为实施疯狂的“围追堵截”。然而华为果敢地亮剑，为国人赢得了尊严。只有勇敢亮剑强敌，才能提升事业价值。

尼克·胡哲、张桂梅以及任正非的经历，正应了我们常常挂在嘴边的那句话：“千磨万击还坚劲，任尔东西南北风。”三位主人公那种自强不息的精神，值得我们每个同学效法。在高中阶段，学业压力陡然增大，很多同学无法适应这种高强度的学习节奏，每次考试以后，如果看到下滑的成绩单，自然会沮丧失落，甚至打起了退堂鼓，很多同学还有“破罐子破摔”的思想。但是我们不要忘了，分别对比他们来说，我们有健全的肢体，有安逸的环境，有优越的资源，我们有什么理由不去拼搏呢？考试成绩的起落升降原属正常，只要踏实努力，积极上进，一定可以拥抱辉煌。寒窗三年的苦，它只苦三年，人生的苦，却要苦一辈子！所以要想收获精彩的人生，我们一定要坚持不懈，相信彩虹总在风雨后，相信一定能够成功！

文明礼仪，从我做起

陈丽米

作为中华民族的精神瑰宝之一，文明礼仪不仅关乎个人的道德修养，也维系着社会的和谐安宁，更体现着国家的形象尊严。为了个人、社会与国家的长远发展，文明礼仪应是我们每个公民的操守品质，每个团队的行为标准，每个企业的处事信条。人无礼不立，业无礼不广，国无礼不强，这是颠扑不破的真理。当我们把文明礼仪的重要性视同骨骼钙质，人生自会光明。

煌煌礼仪的光辉

在《论语》中，颜渊曾经请教孔子什么是“仁”，孔子只说了四个字——“克己复礼”。颜渊继续请教行礼的细目，孔子说：“非礼勿视，非礼勿听，非礼勿言，非礼勿动。”克己复礼，是君子也。文明礼仪曾是古代中国每个君子的人生信念，它包含了尊老爱幼、舍生取义、尊师重道等优良传统。今天，国人的举手投足，也尽数展现了东方大国的温度、气度与高度，不愧是中华礼仪文化的速写本，一颦一笑，都诠释着文明礼仪的无穷魅力！

昏昏鄙夫的黯淡

尽管禹甸神州曾被视为文明礼仪的发源地，古代的盛世汉唐，一度被外邦友人视为乐土，现今绝大多数中国人的言行举止，也足够文雅体面，然而令人惋惜的是，有少部分人却背离了祖先的道德传统，成了抛弃文明礼仪的“后进”公民。比如，他们在公共场所肆意喧哗、随心插队、出口成“脏”……在某学校，大部分的男生都彬彬有礼，女生则温淑雅致，但仍然有个别同学，不重视修养自己的品德，身上展现不出当代高中生应有的礼仪素质，给整个集体抹黑。我们常常看到，个别同学在走廊拍球，在教室吵闹，在餐厅争论，甚至跳窗下课，不敬老师，斗殴逞强的事情也时有发生……

端端规矩的威力

俗话说，没有规矩，不成方圆。针对当前高中生藐视文明礼仪的言行时有发生的状况，我觉得可以从遵守校纪班规与强化内省自律两个方面入手，养成礼仪、树立形象。我们可以民主治班，协助班主任与班干部出台班级管理细则，大家都应该互相监督，发现哪位同学触犯了校纪班规，可以先规劝，如不奏效，则应逐级举报，通过外在力量鞭策其纠正错误；在强化内省自律层面，我们要澄清一个认知：文明礼仪与学科知识是一个人综合素质的两翼，二者不可偏废，培养文明礼仪助力汲取学科知识，汲取学科知识促进培养文明礼仪，它们相辅相成，互为表里。当自己无礼仪、不文明时，想到这一层关系，自可知耻而勇，奋然进取！

文明礼仪，人人有责。让我们规范个人言行，团结社会力量，坚守文明坐标。我们决不能坐而论道，而应该当下践行。希望每个同学都能文明爱国，文明律己，文明待人。同时，我倡议培养文明礼仪，从你我做起，从当下做起，从身边小事做起！

自信人生二百年，会当水击三千里

黎俊佑

现实生活中，每个人都希望成功，但尽管我们拼尽全力，放手一搏，很多时候，冰冷的结局还是会如一记耳光，“啪啪啪”地打在脸上，使我们措手不及。造成阶段性失利的原因是多方面的：能力平庸、方法欠妥，资源匮乏等，但自信不足，也是让我们寂寥低落的重要因素，不可忽略。

自信的人保持淡定。人生旅程，如同乘坐一辆公交车，有的人可以很从容地悦怀于窗外的风光景致，有的人只能很窘迫地皱眉于车内的推搡拥挤。两种态度，导致不一样的结局。人生应当充满自信，即使处于深渊泥淖，也应该微笑面对，铆足了劲，拔出双脚，当自己重新站回平地时，那种顾盼自如的神态，仿佛宣告了自己就是世界的王者，眼神充满光芒，凝目眺望远方，让你的人生充满了更多可能性。

最近，一位安徽放牛娃逆袭考上北京大学的陈年往事，被人们当作励志的典型。现为上海大学宗教与中国社会研究中心副主任的肖清和，出生在安徽潜山肖冲村——一处偏僻的小农村。他的原生家庭几乎处于赤贫状态，使他很难完成学业，母亲只能忍痛改嫁。尽管如此，肖清和依然淡定地直面相貌狰狞的命运，一如既往地用心学习。在多名爱心人士的资助下，肖清和于1999年，凭着优异的成绩考上了北京大学哲学系，人生开始逆转。

自信的人摒弃狂妄。人生应当自信，因为自信才能拥抱辉煌。当今世界流行一句话——“自信即巅峰”，就是说当我们处于自信的状态时，才能把全部的潜能都发挥出来。但是，我们要将自信克制在一定的范围内，不能过度自信，否则就成了自负。自负的人狂妄自大，他会躺在过去的功劳簿上，并且产生一种错觉，认为自己无所不能，可一旦与现实交手以后，就会被碰撞得头破血流，不仅不会受人钦佩，反而遭人唾骂。

三国后期，诸葛亮多次派兵北伐，为了保证后方粮草供应顺畅，务必要守住街亭这个地方。诸葛亮派了马谡去镇守街亭。马谡虽然熟读兵书，可是夸夸其谈，最后街亭失守，自己也被军法严惩。在土地革命时期，博古、李德等人，同样犯了狂妄自大的毛病，不顾敌我双方实力严重不对等的实际，强行让红军在正面与蒋介石的部队对抗，结果使红军的主力遭受重创，给中国革命事业带来毁灭性的打击。

自信的人抖擞振作。最让我们感到可悲的事情，往往并不是自己能力平庸、方法欠妥，资源匮乏，而是遭遇暂时的失败以后，往往一蹶不振，不敢再去生活的海洋中搏击风浪。此时，无边的恐惧感包裹了我们，使我们不敢亮剑呐喊，在命运面前甘愿成为一个侏儒。但是那些英雄豪杰，总是愈挫愈勇，他们抱着不屈不挠的态度，如高傲的海燕一般，向暴风雨恣肆的海洋冲去，在空中划出优美的弧度。

在青春年华就双腿残废的著名作家史铁生，也曾迷茫过，他害怕被歧视，害怕被遗忘，害怕死亡……然而，他终于拿出了自己的勇气。他以充足的信心粉碎了所有的恐惧，以乐观的心态，从深层的窄缝中走出来，并且坦然地走在人生大道上，用心思考，尝试写作，给世人下了诸多文学精品，如《我与地坛》《命若琴弦》《我的遥远的清平湾》等。当人们处于困顿中时，史铁生的文字往往可以提供充足的能量，像太阳一般照耀万物。

我们的目标不是秋月春江，而是星辰大海，任何艰难险阻都不能阻挡我们前进的步伐，不管征途多么遥远，我们都要坚信可以到达。只要我们保持淡定，摈弃狂妄，抖擞振作，一定会收获幸福与喜悦。

薪火相继，青年当先

汤媛媛

谈到对中国近现代历史的发展作出重要贡献的英雄人物，我的脑海中浮现出一张张这样的面孔：孙中山、黄兴、梁启超、李大钊、陈独秀、毛泽东……他们的目光炯炯有神，刚毅笃定中透着温和清秀，看着远方的日出。这一群人面容慈蔼，仿佛要走下历史的神坛，与今天的我们畅谈百年变局。

他们是革命先辈，也是民族脊梁，更是闪亮灯塔！百年前的他们，挽狂澜于既倒，扶大厦之将倾，于炮火硝烟中“捐躯赴国难，视死忽如归”。百年后的我们，仰望这些英雄的高度时，当想起穆旦的名言：“我给人指出崇高的道路，我的明光能照澈你的迷雾。”是的，他们身放明光。于是，我们前进的路被照亮，更应担当起时代大任，满怀爱国之心，力行德义之举，追逐璀璨梦想。

我辈青年，自有煌煌爱国之心。

诚然，百年前的中国在屈辱中受尽磨难，前辈们为了祖国的前途上下求索，剜肉洒血，留下一首首铁骨铮铮、保家卫国的激昂战歌；百年后的中国在改革开放中走向繁荣，走向世界舞台中心。我辈青年要前赴后继，吃苦咽难，描绘出一幅生机勃勃、国泰民安的繁华九州图。虽然我辈青年所处的时代，已经黯淡了刀光剑影、远去了鼓角争鸣，但在时代的风雨中，仍有无数坚定的身姿挺立，为普通的中国人撑起一片晴空。他们是谁？是国难当头、临危受命、星夜逆行驰援武汉的医务人员，是心系农民、攻坚克难的驻村干部，是不惧洪水、以身筑坝、奋勇向前的人民子弟兵……为国为民，不计私利，这是侠之大者，是堂堂正正的中国脊梁，更是我辈青年的先锋榜样！他们如土厚重，如风清朗，如火燃烧，这样的爱国之心，在我辈青年中时刻跳动着。

我辈青年，自有朗朗向德之行。

“我的灵魂平静而明亮，宛若清晨的群山。”尼采如是言。革命先辈面对侵略恶行毫无惧色，深明家国大义，舍小我为大我，献大爱暖苍生。如今，在我辈青年中也有一颗颗平凡而闪亮的灵魂——矢志苦读、发自孝心地背着母亲千里求学、用爱心感化迷途少年的刘秀祥；毕业于耶鲁大学却甘心扎根基层争做最美村干部的秦玥飞；奋不顾身将学生从失控汽车前推开的最美教师张莉莉……他们以玉为骨，以冰为心，以爱为魂，这样的高尚之举，在我辈青年中时刻践行着。

我辈青年，自有皎皎逐日之梦。

寄言燕雀莫相啅，自有云霄万里高。前辈们曾立报国之志，以“关山万千重，山高人为峰”的勇气，以“为中华之崛起而读书”的志气，以“敢教日月换新天”的豪气，击败乱贼敌寇，实现救亡图存。我辈青年在这千帆竞发、百舸争流的时代，更应奋楫中流，追逐梦想，释放青春的无限活力。踏入新时代，迈入新征程，伟大的中国梦也正一步一步成为现实。每一名追梦人都是“中国号”航船上的一员，他们劈波斩浪，直奔梦想。这样的瑰丽梦想，在我辈青年中时刻孕育着。

在民族复兴征程中，一代代青年唱出的青春之歌，推动着历史的车轮滚滚向前。身为新时代的有志青年，我们须站在时代浪潮汹涌处，用深情的笔墨书写时代华章！

品孔颜之乐，做幸福青年

吕星

川渊深深，难阻潜龙飞扬；暮霭沉沉，难遮玉盘流华；世相纷纷，难遏初心勃发。青年人奔赴的前路，布满荆棘坎坷，我们唯有以“孔颜之乐”为棹，在实用主义的大海里乘风破浪，方可辨清航向，到达幸福的彼岸。

忆往昔，孔颜之乐激励古代圣贤安贫乐道。范仲淹出生寒门，尽管父亲早逝母亲改嫁，却丝毫没有减弱他与命运拼搏的动力。他心存家国大局，虽物质条件困顿不堪，却也能在“划粥割齑”中体悟圣贤大道，孜孜不倦的求索，让他成为千古一相。苏子瞻一生宦海沉浮，郁郁不得志，接连被贬黜。发妻逝世、母亲亡故、政敌中伤等巨大苦难，并未使他萎靡不振，他反而踔厉奋发，绝地反击，留下了千古传诵的诗文，终成一代文坛领袖，艺苑巨匠。

看近代，孔颜之乐鞭策革命先驱穷且益坚。革命前辈李大钊，身处列强侵华、国将不国的至暗年代，即使是面对“黄卷青灯，茹苦食淡，冬一絮衣，夏一布衫”的艰苦生活，他也不改初心，发出“为庶民求解放”的真诚呼吁。其“铁肩担道义，妙手著文章”的风骨，令人景仰不已。北洋政府腐朽无能，内部战乱不已，人民饥寒交迫。在那个内忧外患的年代，孙中山先生挺身而出，大声疾呼“亟救斯民于水火，切扶大厦之将倾”，以自己的坚毅行动实现了“吾志所向，一往无前，愈挫愈奋，再接再厉”的誓言。

观当下，孔颜之乐鞭策有志青年奋发向上。看，在卤菜店案板下上网课的柯恩雅，对知识充满渴求，空间的狭窄阻挡不了她发奋图强的心。听，魏凯伦在工地上搬砖补贴家用，在收到国防科技大学的录取通知书时，“山，山，我走出去了”的呐喊如此激荡人心。面对苦难，他们赋予新时代新青年全新的意义，使生命的价值在苦难中得以升华。他们是时代的清风，是民族的希望所在。

然而，在“佛系”“躺平”愈演愈烈的当下，面对苦难，有的青年一蹶不振，自暴自弃；面对重托，有的青年拒事避责，无所作为；面对弱者，有的青年视而不见，清高冷漠。这些并不乐观的存在就像一条条鞭子，狠狠地抽在每一个中华儿女的心上。置身于百年未有之大变局，我们新时代的青年更应明白，困难愈是艰巨，自强的动力就愈加强劲；教训愈是深刻，前进的步伐就愈加笃定！

我们欣慰地看到，在脱贫攻坚前线，青年扶贫工作者深入大山，俯下身子，助力乡村振兴伟大愿景的早日实现。青年大学生从城市回到农村，不怕苦不辞难，在田间地头奏响最动人的青春交响乐。新时代的青年，心里不应只有诗和远方，肩上更应该有责任与担当。要敢于啃“硬骨头”，接“烫手山芋”，把自己的理想根植于中华民族伟大复兴的土壤中，勤加培育，终能长出朝阳怒放的蔷薇。

我们是高山而非溪流，我们立于群峰之巅，俯视平庸的沟壑。我们是英雄而非凡人，我们藐视卑微的懦夫！我们坚信，将孔颜之乐融入青年奋斗的宏伟历程，向着星辰大海进发，终能成就幸福青年，终能造就国之栋梁，终能实现伟大复兴！